2023

宁夏区情报告

（上）

《宁夏区情报告》编写组　编

黄河出版传媒集团
宁夏人民出版社

图书在版编目（CIP）数据

宁夏区情报告．2023．上 /《宁夏区情报告》编写组编．-- 银川：宁夏人民出版社，2023.8
ISBN 978-7-227-07847-0

Ⅰ．①宁… Ⅱ．①宁… Ⅲ．①宁夏 - 概况 -2023
Ⅳ．①K924.3

中国国家版本馆 CIP 数据核字（2023）第 161967 号

宁夏区情报告 2023（上）　　《宁夏区情报告》编写组　编

责任编辑　管世献
责任校对　陈　晶
封面设计　姚欣迪
责任印制　侯　俊

黄河出版传媒集团
宁夏人民出版社　出版发行

出 版 人　薛文斌
地　　址　宁夏银川市北京东路 139 号出版大厦（750001）
网　　址　http://www.yrpubm.com
网上书店　http://www.hh-book.com
电子信箱　nxrmcbs@126.com
邮购电话　0951-5052104　5052106
经　　销　全国新华书店
印刷装订　宁夏银报智能印刷科技有限公司
印刷委托书号　（宁）0027133

开　　本　787 mm × 1092 mm　1/16
印　　张　7
字　　数　122 千字
版　　次　2023 年 9 月第 1 版
印　　次　2023 年 9 月第 1 次印刷
书　　号　ISBN 978-7-227-07847-0
定　　价　20.00 元

宁夏概况

宁夏是祖国西部的一块宝地，地处黄河上游，面积6.64万平方公里，2022年末，全区常住人口728万人。

宁夏是古丝绸之路必经之地，正在努力建设黄河流域生态保护和高质量发展先行区，奋力打造新时代西部大开发、大开放、大发展的投资热土。

巍巍贺兰山绵亘西北，红色六盘山雄踞南陲，滔滔黄河水九曲迂回，孕育了美丽富饶的宁夏平原，造就了稻香鱼肥、瓜果飘香的“塞上江南”。

贺兰山

宁夏，生态优美宜居地

这里四季分明，气候宜人。平均海拔1100米，年均气温8℃，空气优良天数320天以上，“蓝天碧水”享誉大江南北。

鸣翠湖湿地 · 宜居湖城

这里交通便捷，出行便利。银西高铁开通运营，包银、中兰高铁加快建设；国内航线直通所有省会城市，国际航线直达迪拜、大阪等 12 个国家和地区。

这里开放包容，社会稳定。各民族手足相亲，守望相助，是全国民族团结进步示范区。

宁夏，特色产业集聚地

宁夏立足区位相对便利、气候条件独特、资源能源丰富、产业特色鲜明的比较优势，乘势而上、顺势而为，围绕打造现代产业基地，重点发展“六新六特六优”产业。

新型材料、清洁能源、装备制造、数字信息、现代化工、轻工纺织“六新”产业潜力巨大。宁夏地处中国能源“金三角”，钽铌铍、金属锰、氰胺产能全国领先，晶硅棒（片）、工业蓝宝石和锂电池材料规模化生产，全国重要的新材料生产基地正在形成；国家新能源综合示范区加快建设，清洁能源配套产业优势突出；数控机床、3D 铸造、仪器仪表、矿山机械等产业初具规模，装备制造业动能强劲；作为国家新型互联网交换中心、全国一体化算力网络国家枢纽节点，吸引亚马逊、美利云等数据中心进驻，数字信息产业势头迅猛；建成世界单套规模最大的 400 万吨煤制油项目，差别化氨纶、对位芳纶项目技术世界领先，现代化工产业体系日臻完善，轻工纺织产业惊艳出彩。江苏润阳、浙江正泰、东方希望、韩国晓星、巴斯夫等一批国内外知名企业来宁投资布局。

葡萄酒、枸杞、牛奶、肉牛、滩羊、冷凉蔬菜“六特”产业优势突出。宁夏种植酿酒葡萄条件得天独厚，贺兰山东麓葡萄酒品质比肩世界，在品醇客、柏林、布鲁塞尔等国际顶级大赛中获奖 1100 多项，获批国家葡萄及葡萄酒产业开放发展综合试验区；宁夏鲜奶乳脂率、乳蛋白率优于欧盟标准；六盘山黄牛肉质细嫩，盐池滩羊是G20峰会、金砖国家领导人峰会指定食材；中宁枸杞列入《中国药典》道地中药材，是抗生素原料药和生物发酵药生产基地；冷凉蔬菜基地被香港特区政府渔农署授予信誉农场，深受消费者欢迎。

长枣 · 甘草 · 枸杞 · 马铃薯

文化旅游、现代物流、现代金融、健康养老、电子商务、会展博览“六优”产业快速崛起。宁夏是西部独具特色的旅游目的地，拥有沙湖、沙坡头、镇北堡西部影城、水洞沟等AAAAA级旅游景区，正在全力打造国家全域旅游示范区；宁夏拥有国家级中国—阿拉伯国家博览会和葡萄酒文化旅游博览会两个金字招牌，正在建设银川国家物流枢纽与骨干冷链物流基地。银川跨境电子商务综合试验区加快建设，全国数字供销示范区蓬勃发展；银行、证券、保险、基金、担保等金融领域合作前景广阔，成功创建全国首个“互联网＋医疗健康”“互联网＋教育”示范区，康养教育产业发展基础良好。

彭阳梯田 · 西吉火石寨丹霞地貌

宁夏，投资创富新福地

这里投资置业成本低，要素保障全，工业用地每亩最低 5 万元、大工业用电每度最低 0.38 元。全区 51 所大中专院校，年培养专技人才 12 万，为企业投资发展提供了有力的人力资源支撑。

这里全面推行一窗全办、一网通办、容缺先办、集成服务审批模式，网上政务服务能力位列西北第一，企业开办实现 3 小时办结，省级政府一体化政务服务能力跻身全国第一方阵。

这里投资政策更加优惠，全区民营经济高质量发展大会亮明打造一流营商环境的信心决心，发出重视民营经济、支持民营企业、尊重民营企业家的强烈信号，切实让企业家事业有平台、投资有回报、发展有保障。

今天的宁夏，改革动能持续释放，发展活力明显提升，正以黄河流域生态保护和高质量发展先行区建设为牵引，大力打造科技创新高地、现代产业基地、绿色生态宝地、投资消费旺地、改革开放热土、塞上乡村乐园、宜居宜业城镇、文化兴盛沃土、人民生活福地。

目 录

绘就建设铸牢中华民族共同体意识示范区新篇章

党的十八大以来，习近平总书记两次到宁夏视察，为宁夏擘画了建设经济繁荣、民族团结、环境优美、人民富裕的社会主义现代化美丽新宁夏的美好蓝图。自治区党委牢记嘱托，牢牢把握新时代党的民族工作主线，推动铸牢中华民族共同体意识示范区建设，引领全区各族群众像石榴籽一样紧紧抱在一起，共同团结奋斗、共同繁荣发展。

在绘就蓝图中凝聚团结力量

沧海横流显砥柱，万山磅礴看主峰。

近年来，宁夏深入学习贯彻习近平总书记视察宁夏重要讲话和重要指示批示精神，坚决扛起维护民族团结的政治责任，不断增强做好全区民族工作的政治、思想、行动自觉。

自治区第十三次党代会提出“加快建设铸牢中华民族共同体意识示范区”的战略目标，成为新时代民族工作高质量发展的全国典范。我区组织省级领导大调研、召开党委全会专题研究部署，广泛开展“大学习、大讨论、大宣传、大实践”活动，全区各级党委（党组）学习 3000 余场次。

2022 年 11 月，宁夏出台《关于加快建设铸牢中华民族共同体意识示范区的实施方案》，明确“555”总体部署，探索在促进民族关系和谐、维护民族团结和睦，构建“六共”格局、促进各民族交往交流交融，创建“5585”模式、推动共同体建设有形有感有效，探索创建工作评价标准、构建铸牢中华民族共同体意识评价指标体系，完善政策法规制度、建立常态化长效化机制等方面作出“5个示范”，凝聚起各族群众同舟共济、团结奋进的磅礴力量。

在开展工作中夯实思想基础

思想上更清晰，政治上更坚定。

自治区党委和政府深入学习贯彻习近平总书记关于加强和改进民族工作的重要思想，将此作为战略性、基础性、长远性工作来抓，不断夯实“人心归聚、精神相依”的思想基础。

实施党员干部培元固本工程，将习近平总书记关于加强和改进民族工作的重要思想纳入党员干部教育体系，举办培训1285期，在今年主题教育中开展“牢记总书记嘱托、铸牢中华民族共同体意识”教育，引导党员干部做铸牢中华民族共同体意识的引领者、推动者、实践者。实施青少年学生夯基育苗工程，构建课堂教学、实践引领、氛围熏陶一体化教育体系，创新推进“互联网+铸牢中华民族共同体意识教育”，在中小学开设“石榴籽”思政课程，北方民族大学发起成立“西北高校青年铸牢中华民族共同体意识宣讲联盟”，宣讲2000余场，推动中华民族共同体意识根植各族学生心灵深处。

实施各族群众凝心聚魂工程，连续6年组织马克思主义“五观”百场万人大宣讲6800场次，编发《“石榴籽”故事丛书》20余万册，建设线上线下主题教育馆60多个。

实施社科理论正本清源工程，支持宁夏大学、北方民族大学建设铸牢中华民族共同体意识研究院，加强中华民族史学研究，编纂《中华民族交往交流交融史料汇编·宁夏卷》，引导全社会牢固树立正确的中华民族历史观。

在团结奋斗中共享发展成果

发展是解决民族地区各种问题的总钥匙。

在永宁县闽宁镇，发展和变化让这里常看常新。“生活更好了，环境更好了，心情也更好了。”说起这些年的变化，闽宁镇原隆村村民马燕的脸上洋溢着笑容。

从昔日的干沙滩到今天的“金沙滩”，闽宁镇经历了从荒滩到幸福乡村的变迁。各族群众在党的领导下，团结一心、共同努力，迎来了幸福美好的新生活。

近年来，宁夏全面实施居民收入、移民致富、教育质量、健康水平、文明素养、城乡面貌“六大提升行动”，不断加大对重大民生工程、基础设施建设、基本公共服务项目等的投入力度，培育壮大“六新六特六优”产业，扎实推进乡村振兴，让发展建设成果更多更公平惠及各族人民。

2022年年底，宁夏地区生产总值突破5000亿元，人均地区生产总值接近7万元，现代化产业体系初步形成，人民生活水平全面改善，各民族共同生活的家园更加美丽，共同团结奋斗、共同繁荣发展的家底更加厚实，各族群众感党恩、听党话、跟党走的精神面貌更加昂扬。

在交流交往中深化相亲相融

中华民族一家亲，同心共筑中国梦。

宁夏主动顺应新时代各民族大流动、大融居新特点，深化构建全方位嵌入社会结构，推动形成“三交六共”格局，各民族呈现广泛交往、全面交流、深度交融的生动局面。

大力实施各族青少年交流、旅游促进各民族交往交流交融、各族群众互嵌式发展“三项计划”。连续40年举办形式多样、丰富多彩的“民族团结进步月”活动。广泛开展“红石榴”志愿服务、“社区邻里节”等群众活动，打造“中华民族一家亲”系列实践教育活动平台。全区5个地级市、20个县（市、区）成功创成全国民族团结进步示范市、县（区）。

在健全法制中提升治理水平

宁夏坚持从全局出发，谋划和推动民族事务治理，出台完善基层治理体系提高基层治理能力“1+6”文件，赋予所有改革发展以“三个意义”，坚定不移走中国特色解决民族问题的正确道路。

出台《宁夏回族自治区促进民族团结进步工作条例》，建立政策法规评估机制，全面清理地方性法规、政府规章和行政规范性文件，稳妥调整差异性优惠政策，民族团结进步事业的法治基础更加牢固。将民族事务纳入社会治理大格局，纳入基层治理网格化管理全过程，打造"塞上枫桥"多元调解室、"1+X+N"多元共治机制等，涌现出吴忠市利通区金花园社区、银川市第二十一小学、国家能源宁夏煤业煤制油分公司等一批模范社区、学校、企业。加强各级干部民族事务法律学习培训，加大面向全社会的法治宣传教育力度，各族群众尤其是青少年国家意识、公民意识、法治意识进一步增强。

凝心聚力共奋进，笃行不怠谱新篇。宁夏将深入学习贯彻习近平总书记关于加强和改进民族工作的重要思想，聚焦铸牢中华民族共同体意识主线，全方位、全领域、全系统、特色化开展示范区建设，形成人人建设示范区、处处建设示范区的良好社会氛围，在推动全区民族工作高质量发展上走在前列、作出表率。

（记者马越，原载于《宁夏日报》2023 年 7 月 22 日第 1、2 版）

延伸阅读

共饮一河水　亲如一家人

吴忠市所辖5个县（市、区）都惠泽于母亲河良多——或是黄河穿境而过，或是建有大型扬黄工程，生产生活用水都仰仗这条大河。

作为"黄河明珠"，吴忠市可做的"文章"不少，铸牢中华民族共同体意识就是贯穿其中的精神主线。在这座美丽的沿黄城市里，各族群众同饮一河水，黄河成为赋能高质量发展的动力源泉，铸牢中华民族共同体意识"水到渠成"。

一

新华社区位于吴忠市利通区，有 1 万多居民，这里的"睦邻·家"社区工作品牌打造得很有特色——"睦邻·家"党群服务中心（驿站）、"石榴籽工作室”、“睦邻小院”、“睦邻会客厅”等，成为广大居民人心归聚的精神乐园。

最近，新华社区搞了一场“睦邻大家宴”活动，数百名党员群众共聚社区党群服务中心，庆祝端午节、建党节及社区邻居节等。大家品尝粽子、粉汤、油香等特色美食，欣赏《黄河水从我家门前过》《踏歌起舞的中国》等众邻里表演的歌舞节目。

活动现场，一个红色蛋糕引人注目，那是新华社区党员徐冬萍精心准备的，用来庆祝党的102岁生日。“今天，我们和党一起过生日！”大家品尝蛋糕时，纷纷许下百年大党永葆青春的愿望。

最近半个多月，新华社区举办了一场又一场睦邻活动，让大伙儿在交流交往中铸牢中华民族共同体意识。其间，马向华包的大枣、花豆馅粽子深受邻居们喜爱。

72岁的马向华家住新华社区文景苑小区，和社区党群服务中心隔了条秦渠。退休后的马向华常在社区帮忙，她告诉新华社区党委书记马芳：“退休后，我过得很幸福，就想着回报社会，你们有啥需要就叫我。”

感受到新华社区温暖的不仅有辖区居民，还有利通区消防救援大队的消防员们，他们当中有很多人来自外省区。近年来，新华社区与利通区消防救援大队结成对子，常常开展共建活动，双方人员还互认了“干亲”。

马向华就是位干奶奶，这些年她认了2位干孙子。平日里，她为干孙子买衣物、送袜子。碰上节日，马奶奶就会请干孙子到家来，亲自下厨为他们烹制美食……端午节前，马向华和新华社区居民来到利通区消防救援大队，和官兵们一道包起了粽子。

马芳亦从繁重的社区工作中抽出身来，认了2名山东籍的干儿子，结亲11年。其中一个叫刘文伟，如今回到山东济南继续从事消防救援工作，成了3个孩子父亲的他和干妈马芳联系不断。

二

端午节前夕，青铜峡市残疾人托养中心收到1000余份订单。各地顾客抢购这里生产的香包、掐丝画……制作这些精美手工艺品的正是托养在此的几十名残疾人。

记者流连在托养中心的 2 间就业创业室中，见到里面陈列着的各种手工艺品，其设计之巧妙、制作之精美令人叫绝。

青铜峡市残疾人联合会理事长田学军说，残疾人心灵手巧的程度不输正常人，其专注度甚至更高，很适合手工艺品方向的就业。对于智力缺陷人员，青铜峡市残疾人托养中心会安排他们做一些简单重复劳动，像是纸扎、小挂件等产品的制作。

这些心灵手巧的残疾人不光在青铜峡市残疾人托养中心就业，还有 10 名手艺精湛者被青峡绣女辅助性就业机构聘为员工。然而，青铜峡市有多达 8778 位残疾人，入住青铜峡市残疾人托养中心的毕竟是少数。

就业服务，如何才能送到更多残疾人的家门口？

近年来，青铜峡市创新实践“市残联提供物质保障、青峡绣女辅助性就业机构教授专业技能、品牌公司长期收购”工作模式，在城乡打造“石榴籽”家园、创客空间、“美丽工坊”等创业就业窗口，让残疾人在家门口有事做、有钱赚。

在青铜峡市裕民街道南苑社区的手工坊，有 100 多名居民加工挂件、手提包等手工产品，平均每人每天有五六十元的收入。员工中，除了残疾人，也有许多肢体健全的妇女和老人。

方玲玉是个 24 岁的姑娘，她在工作之余累计创作散文 10 余篇，其中有 2 篇在公开刊物发表。在青铜峡市残疾人托养中心，她的物质和精神生活都很富足。

三

在吴忠市采访，中华民族一家亲的故事数不胜数，其背后是这座城市在铸牢中华民族共同体意识上持之以恒的用功。

吴忠市持续 39 年开展“民族团结月”系列活动，持续 18 年举办“社区邻居节”，打造“好邻居中秋一日游”“重阳节话邻里情”“喜庆农民丰收节”“社区千家宴”等品牌活动。2016 年、2021 年，吴忠市连续 2 轮创建成为全国民族团结进步示范市，所辖 5 个县（市、区）全部创建为全国民族团结进步示范县（市、区），36 个单位被命名为全国民族团结进步模范集体（示范单位），288 个单位被命名为自治区级民族团结进步模范集体（示范单位）。

社区之家、助残之家、校园之家、乡村之家……在吴忠市，团结和睦的“大家”还有不少，尽管领域各有不同，其共同心愿却是深植人们心底的中华民族共有精神家园。

记者来到吴忠市利通区第三小学三年级（5）班课堂，碰见何淑芳老师正在给学生们上道德与法治课，主题就是“中华民族一家亲　同心共筑中国梦”。被问及个人应该如何践行这一时代主题时，马靖雯同学表示要“好好学习，勤俭节约，热爱祖国热爱党”。

在这所小学多间功能室中，记者看到扎染、沙画等手工作品，这些都是孩子们的作品。校方通过一系列非物质文化遗产教学，增强学生铸牢中华民族共同体意识的自觉性与坚定性。

在利通区第三小学开辟的读书小柜前，五年级（5）班学生杨思语、马嘉妮正在翻阅与中国梦相关的图书。他们说：“要和身边同学搞好团结，大家齐心协力就能共筑中国梦。”

吴忠城外，黄河水滔滔不绝，激荡起“我们都有一个家，名字叫中国”的时代强音。

（记者苏峰、李涛、杜晓星、何耐江、杨玉瑛、王沛瑶、何婉蓉，原载于《宁夏日报》2023 年 7 月 5 日第 3 版）

奋力谱写军政军民团结奋斗的宁夏篇章

这是一张凝结着汗水的成绩单：宁夏累计投入2.5亿元，新建续建国防和军事工程、设施建设项目56个，帮助部队解决实际问题103件，走访慰问驻宁部队和来宁演习部队312次……

这是一份砥砺奋进的荣誉书：宁夏以实施“全域崇军行动”为抓手，先后与1.2万多家企业单位签订合作协议，建立健全面向全国、纵横衔接、系统完备、覆盖全域的“大崇军”网络……

这是一块闪闪发光的“金字招牌”：宁夏打造的老兵志愿服务、红色宣讲、文化艺术等“兵”品牌，累计向16万人（次）提供服务，广受群众欢迎和赞扬……

强国兴军兵民奋进，同心合力征途如虹。

2022年以来，全区各级退役军人事务部门坚持以习近平新时代中国特色社会主义思想为指导，深入学习贯彻落实党的二十大精神和习近平总书记关于双拥工作重要论述，按照自治区党委、政府的安排部署，以纪念延安双拥运动80周年为契机，聚焦实现建军一百年奋斗目标，以高度的责任感、使命感，下好军地“一盘棋”，画好军民“同心圆”，全力创建社会崇军示范区、退役军人作用发挥示范区、新时代双拥工作高质量发展示范区。

高位统筹　上下联动　构建双拥工作大格局

做好双拥工作，事关党执政地位的稳固，事关国家建设发展的全局，事关部队战备质量和打赢能力的提高，事关整个社会的和谐稳定。

老兵过得怎么样？工作生活如意吗？还有哪些困难需要帮助解决？

结合深入开展学习贯彻习近平新时代中国特色社会主义思想主题教育，坚持目标导向、结果导向，全区党政军各级高度重视，坚持从忠诚拥护“两个确立”、坚决做到“两个维护”的政治高度来认识把握和扎实落实双拥工作。

“要坚持稳中求进、守正创新，带着感情、带着责任做好退役军人工作，推动新时代全区退役军人工作高质量发展。”自治区党委书记、自治区党委退役军人事务工作领导小组组长梁言顺在领导小组第四次全体会议上强调。

“要持续发扬我区良好传统，用心用情用力解决驻宁部队和退役军人实际困难，全力开创双拥工作新局面。”自治区党委副书记、自治区主席张雨浦在自治区政府常务会议上要求。

自治区坚持把双拥工作纳入经济社会发展和部队建设总体规划，纳入政府年度综合目标考核、党政军领导班子及领导干部政绩考核和每年政府工作报告内容，印发《建设新时代双拥工作高质量发展示范区实施方案》，高位推动双拥工作责任压实、任务落实。

各地各部门主动适应双拥工作新形势新任务，不断强化党员干部的国防观念，打造覆盖机关、乡镇、社区、学校、企事业单位等社会各方面的双拥“细胞”工程，全力构建起党政军高位统筹、上下联动、齐抓共建的新时代双拥工作大格局。

在以实际行动回答新时代退役军人工作“做什么、怎么做、谁来做”中，宁夏双拥工作的高度、力度和广度不断增强。

截至2022年，全区有2个地级市、4个县（市）被命名为全国双拥模范城（县），银川市和吴忠市分别荣膺全国双拥模范城“九连冠”和“四连冠”，形成了创建统领、联动联创、军民共建的生动局面。

深化改革　持续创新　推动双拥工作提档升级

进入新发展阶段，双拥工作面临着一系列新机遇、新挑战。

如何把握新机遇、应对新挑战、架好军民“连心桥”、办好双拥“暖心事”？“不断深化改革，持续创新服务，是退役军人工作寻求突破也必须突破的金钥匙。”自治区退役军人事务厅负责人说。

放眼全国、立足实际，宁夏推出了一批创造性、引领性改革举措，加强改革系统集成、协同高效，推动双拥工作取得新突破、走在全国前列。

机制创新凝聚合力。在全国率先建立退役军人事务东西部协作发展机制，与福建、江苏、上海等 3 省市签订区域合作协议，在军创企业跨区合作、专业人才联合培养、军休资源共享交流等 11 个方面开展区域发展协作。

管理创新促进就业。出台加强退役军人就业创业“23 条硬措施”，率先全国设定基层公务员、事业单位、政法公安专项编招聘比例，实行“按积分排序选岗”的转业军官安置方式，建立三级统筹退役士兵安置新机制，圆满完成退役军人移交安置任务，让每个有就业能力和意愿的退役军人都有机会上岗、有途径增收。

服务创新推进“崇军行动”。锚定“让退役军人成为全社会尊重的人，让军人成为全社会尊崇的职业”目标，建成“崇军商业街”6 条、“崇军法律援助站”452 个，高速公路服务区“老兵 +”站点全覆盖，区内所有 A 级以上旅游景区全部免首道门票，连续 18 次调整提高优抚对象抚恤和生活补助标准，发放补助资金 4.2 亿元，制发优待证 12.55 万张，发放率居全国前列。

真用心、用真心，宁夏千方百计为部队解难题、为军人办实事。

当前，“崇军行动”、移交安置、服务保障体系建设等典型做法在全国交流推广，退役军人事务员新职业、退役军人事务系统优化服务等工作被退役军人事务部列为试点省区。

当前，宁夏全生命周期崇军链条全面打通，一大批优先优惠优待举措走进退役军人生活、送到退役军人身边，“百行共建、万企崇军”的时代新风尚焕发出蓬勃生机，退役军人获得感、幸福感、荣誉感不断增强。

讲好故事　打造阵地　厚植浓厚双拥氛围

“如果我牺牲了，请替我填上一份党员转正申请书；如果我牺牲了，请用我的抚恤金交纳 5 年党费；如果我牺牲了，请将我的骨灰撒在宁夏的山川大地……”近日，宁夏“老兵宣讲团”成员、参加过边境作战的蔡国走进学校，与师生一起回忆战火硝烟的岁月。

宁夏的“老兵宣讲团”，既有像蔡国一样的老兵，也有服务保障退役军人的工作者，还有默默奉献的军属。这30支174人的队伍活跃在宁夏大地上，播撒爱党爱国爱军的种子。

锣鼓喧天、鞭炮齐鸣，一等功臣撒占才、二等功臣李智的亲朋好友至今还不忘由党委、政府和武装部门组成的军地联合慰问组，带着牌匾，敲锣打鼓来到他们的家中，向为国争光的英雄送上立功喜报及党和政府的关怀。

一人当兵，全家光荣；一人立功，全家自豪。宁夏广泛开展“立功为国家，喜报送到家”和“赓续红色基因　汇聚奋进力量”系列活动，拓展丰富“爱心献功臣”“双拥在基层”等主题实践活动，先后为1241名官兵送去立功受奖喜报，涌现出一批新时期强军典型。

2023年7月31日，自治区党委宣传部、自治区退役军人事务厅、宁夏军区政治工作局、自治区双拥工作领导小组办公室共同举办纪念延安双拥运动80周年暨宁夏首届“最美拥军人物”“最美军嫂”发布仪式，让“最美拥军人物”的故事传遍宁夏大地，让全社会对军人、对部队的认识和情感又加深了一层……

让双拥教育融入日常，让最美典型深入人心。

宁夏坚持把宣传教育工作作为做好新时代双拥工作的重要手段，纳入全民教育体系及部队教育规划，打造宣传教育阵地，创新宣传教育方法，深入挖掘整理英烈事迹，创新性开展“清明祭英烈”“9·30烈士公祭”活动，建立健全烈士寻亲长效机制，充分运用各类宣传平台广泛开展国防教育、双拥共建、征兵政策等宣传，在全社会营造关心国防事业、关爱军人军属、关怀退役军人的浓厚氛围，推动全区上下形成关心双拥、支持双拥、参与双拥的良好社会风尚，汇聚起军民同心推进强国强军事业的磅礴力量。

征程万里，初心如磐。宁夏必将紧密团结在以习近平同志为核心的党中央周围，军地合力、军民同心，继续开创新时代双拥工作新局面，奋力谱写军政军民团结奋斗的宁夏篇章。

（记者周一青，原载于《宁夏日报》2023年8月1日第1、3版）

坚决打赢这场安全生产“只许胜不许败”的翻身仗

在全区上下深入开展学习贯彻习近平新时代中国特色社会主义思想主题教育的关键时刻，自治区党委十三届四次全会7月26日至27日在银川举行。全会坚持以习近平新时代中国特色社会主义思想为指导，全面贯彻落实党的二十大精神，深入开展学习贯彻习近平新时代中国特色社会主义思想主题教育，认真学习贯彻习近平总书记关于安全生产重要论述和重要指示精神，深刻汲取银川市兴庆区富洋事故血的教训，审议通过了《深入学习贯彻习近平总书记重要指示精神、统筹发展和安全、提高安全生产工作水平、切实保障人民群众生命财产安全的意见》，以科学精准规范的制度体系，从全局、根本、长远上防风险、除隐患、保安全。这次全会，是宁夏历史上第一次以自治区党委全会形式专题研究部署安全生产工作，充分说明当前安全生产形势之紧迫、地区部门责任使命之重大，释放出了宁夏以案为鉴坚定彻底“当下改”、全面系统“长久治”的坚定意志和强烈信号，对于动员全区上下统筹发展和安全，牢固树立安全发展理念，全面提高安全工作水平，坚决防范重特大安全事故发生，切实保障人民生命财产安全，具有重要而特殊的意义。

安全是发展的前提，发展是安全的保障。统筹发展和安全是以习近平同志为核心的党中央立足于新发展阶段国际国内新形势新情况提出的重大战略思想，是习近平新时代中国特色社会主义思想的重要内容。党的十八大以来，以习近平同志为核心的党中央高度重视安全生产工作，总书记更是把人民的幸福安康放在最高位置，从党和国家事业发展全局的战略高度，就加强安全生产工作发表一系列重要讲话、作出一系列重要论述，深刻回答了如何认识安全生产、如何做好安全生产等重大理论和实践问题，为宁夏统筹发展和安全、全面提升安全发展水平提供了根本遵循和行动指南。

自治区第十三次党代会以来，宁夏深入学习贯彻习近平总书记视察宁夏重要讲话指示批示精神，坚决落实总书记关于安全生产重要论述和总体国家安全观，把安全作为头等大事，以时时放心不下的责任感统筹发展和安全，推行“一竿子插到底”等随机暗访抽查制度，有力防范化解了安全风险隐患，实现了高质量发展和高水平安全良性互动，“平安宁夏”的招牌一度成为宁夏最优质、最吸引人的软环境。但是富洋事故的发生打破了这份安宁平静，习近平总书记第一时间作出重要指示。指示字字重千斤、句句含深意，深刻指出这起造成多人伤亡的事故“令人痛心，教训深刻”，要求宁夏“要全力做好伤员救治和伤亡人员家属安抚工作”，“盯紧苗头隐患，全面排查风险”，“切实保障人民群众生命财产安全”。

安全责任重于泰山、安全生产人命关天，我们深刻认识到，无论什么时候，安全都是发展的前提，安全稳定压倒一切。抓安全生产就是讲政治、讲担当，就是保生命、保安康，就是促经济、促发展，就是护稳定、护和谐。大抓安全生产，不仅是坚定捍卫“两个确立”、坚决做到“两个维护”，切实扛起总书记赋予的重大政治责任的现实需要，也是确保安全发展、维护社会安定、保障群众安居乐业的现实需要。全区各地各部门和广大党员干部要结合主题教育，深学细悟习近平总书记关于安全生产重要论述和重要指示精神，深刻认识抓好安全生产工作的极端重要性，从“两个维护”的政治高度坚定扛起保障群众生命财产安全的千钧重担，深刻汲取教训、深入反思警醒，牢牢绷紧安全生产这根弦。要多想一想事故偶然性背后的必然性，多看一看暗访督查发现的问题和短板，多问一问工作中安全发展理念树得牢不牢、安全生产责任是否悬而不落、安全生产基础是否薄弱、安全执法监管是否到位、干部作风是否不严不实等问题，坚决杜绝态度消极、被动应付，职责不清、履职不力，推诿扯皮、有章不循，把关不严、监管不力，乐于清谈、苦于实干等现象，在灵魂深处安放“警示牌”、在思想深处敲响“警示钟”，自觉以案示警、以案促治、以案正风，以高度的警醒警觉、扎实的工作作风抓好安全生产，坚决把风险化解在未发之时、把隐患消除在萌芽状态，不让事故重复发生、不让悲剧再次上演、不让隐患变为现实。

以案为鉴，牢牢绷紧安全生产这根弦，就要以非常之举、下非常之功，从全局上、根本上、长远上全面提升安全生产能力和水平。抓安全生产是一场攻坚战、持久战、总体战，抓一时、抓一事解决不了根本问题，必须从制度机制入手抓常抓长，全面系统提升安全生产整体能力和水平。全区上下要认真贯彻落实全会精神，以“事后再主动也是被动，事前再被动也是主动”的理念，打好主动仗，突出防在前、查到边、改到底，确保风险隐患大消除；打好总体仗，把安全教育培训作为基础性工程融入日常、抓在平常，不断厚植社会土壤、夯实群众基础、筑牢人民防线，实现安全生产防线大巩固；打好攻坚仗，下大决心、花大力气补上设施设备的“硬伤”、制度标准的“软肋”，促进安全生产基础大提升；打好作风仗，结合主题教育，引导广大党员干部搞清楚为谁创造业绩、创造什么业绩、怎么创造业绩，以作风大整顿推动整治权责不一“错位观”、工作作风“虚假空”、监管执法“破口子”等突出问题，推动安全责任大强化。

以案为鉴，牢牢绷紧安全生产这根弦，就要坚持“一盘棋”推进、“一张网”布局，上下齐心抓安全、同心合力保安全。要在“深”字上下实功，深入研究、抓在具体，真正把情况摸清、问题找准，把工作研究深、研究透，更好推动解决问题、保证安全；要在“准”字上出实招，精准施策、有的放矢，分级分类做好细化、优化文章，有针对性地制定工作措施，以实化、细化、具体化的工作，让政策措施取得最大成效；要在“狠”字上求实效，动真碰硬、攻坚克难，以壮士断腕、破釜沉舟、背水一战、猛药去疴的信心决心，施重压、下重手、敲重锤，狠下功夫对长期存在的风险隐患“开刀”、狠下决心向积存已久的顽瘴痼疾“亮剑”，坚决查问题、除隐患、防事故，确保宁夏长治久安。

反思是为了进步，安全与发展并行。让我们把思想和行动统一到习近平总书记重要指示要求和党中央决策部署上来，把智慧和力量凝聚到自治区党委工作安排上来，以时时放心不下的责任感、如芒在背的紧迫感、不负人民的使命感，担当作为、真抓实干，汇聚起抓安全生产“只许进不许退”“只许紧不许松”的强大合力，从“零”出发、向“零”而行，坚决打赢这场安全生产“只许胜不许败”的翻身仗，切实维护人民群众生命财产安全和社会大局稳定，为全面建设社会主义现代化美丽新宁夏提供有力安全保障，向总书记和党中央、向全区人民交出一份合格的“安全答卷”！

（作者宁夏日报评论员，原载于《宁夏日报》2023年7月28日第1、2版）

延伸阅读

用制度之刚护万家之安

——自治区党委十三届四次全会侧记

安全稳定是人心所向，国泰民安是人民群众最基本、最普遍的愿望。确保安全生产、维护社会安定、保障群众安居乐业，是各级党委和政府必须担负的重要责任。

2023年7月26日至27日，自治区党委十三届四次全会在银川举行，认真学习贯彻习近平总书记关于安全生产重要论述和重要指示精神，审议通过了《深入学习贯彻习近平总书记重要指示精神、统筹发展和安全、提高安全生产工作水平、切实保障人民群众生命财产安全的意见》（以下简称《意见》），动员全区上下统筹发展和安全，牢固树立安全发展理念，全面提高安全工作水平，坚决防范重特大安全事故发生，切实保障人民群众生命财产安全。

召开自治区成立以来第一次以安全生产为主题的党委全会，以非常之举、下非常之功，形成一整套管全局、管根本、管长远的“重磅文件”。

审议通过《意见》，坚持“所有事”全领域覆盖、“一件事”全链条管控、“落实事”全过程监管，构建换人不换机制、靠制度机制筑防线守底线的安全工作新格局。

专项文件和配套文件起草单位主要负责同志登台“亮相”，解读起草过程，把要害处、关键点说清讲透……

特殊的会议，蕴含深远的考量和重大的意义。

这是使命所在——安全生产人命关天。必须增强时时放心不下的责任感、如芒在背的紧迫感、不负人民的使命感，坚决扛起千钧重担，向习近平总书记和党中央、向全区人民交出一份合格的“安全答卷”。

这是发展所需——安全是发展的前提。必须深刻认识认真统筹发展和安全的内在统一性，居安思危、安不忘危，整合一切条件、尽最大努力抓好安全生产，以高水平安全护航高质量发展。

这是职责所在——安全生产无小事。必须树牢底线思维、极限思维，不折不扣、不遗余力担责尽责，以一抓到底的韧劲和“钉钉子”精神查问题、除隐患、防事故，筑牢人民安居乐业、社会安定有序、宁夏长治久安的安全网。

一

安全生产事关人民福祉，事关经济社会发展大局，事关全面建设社会主义现代化全局，是必须牢牢守住的红线、底线、生命线。

党的十八大以来，习近平总书记始终把人民的幸福安康放在最高位置，就加强安全生产工作发表一系列重要讲话、作出一系列重要论述，为我们高效统筹发展和安全、全面提升安全发展水平提供了根本遵循和行动指南。

自治区党委始终牢记总书记重要嘱托、坚决贯彻总书记重要指示，把关乎生命的安全生产工作时时放在心上、牢牢抓在手上、切实扛在肩上，严格落实安全生产责任，全面推行“一竿子插到底”随机暗访制度，常态化开展“四防”督查，持续开展安全生产专项整治，全力以赴防风险、除隐患、保安全，推动全区安全生产工作走深走实，为各项事业发展提供了安全保障。

一个多月前，银川市兴庆区富洋事故的发生，引人深思、令人警醒。如何有效破解安全发展理念树得不牢、安全生产责任悬而不落、安全生产基础薄弱、安全执法监管不够不力、干部队伍作风不严不实等问题，切实打好安全生产这场攻坚战、持久战、总体战？

一个多月来，自治区党委书记梁言顺采取“四不两直”方式“一竿子插到底”，深入5市和宁东基地的餐饮企业、商圈夜市、酒店、学校、养老院、炼油厂、建筑工地、非煤矿山等场所暗访督查，实地查看263家企业、商户、点位，发现一批问题隐患。自治区主席张雨浦深入一线随机抽查、调研，找短板、找隐患，详细了解相关情况。自治区“四防”常态化督查组发挥排查的“眼睛”和“耳朵”作用，对全区安全隐患开展督查和“回头看”。

液化石油气企业配送气瓶时，要不要现场为用户接装？闪点小于60摄氏度的醇基等液体燃料能否作为民用燃料使用？密室逃脱、沉浸式剧本、桌面推演等新型娱乐场所该不该设置可手动开启的机械应急开启装置……暗访督查中发现的一个个问题隐患，正是安全生产体系要补齐的短板弱项、要补强的薄弱环节。

二

锐始者必图其终，成功者先计于始。在2023年6月28日召开的自治区党委常委会会议上，梁言顺为《意见》和系列文件起草标定方位、明确定位、圈出点位，明确要求突出“深、准、狠”，抓好“防、查、改、教、强、技、制、督、调、究”各项工作，穷尽问题隐患，确保全区安宁、百姓安康。

起草组紧扣自治区党委安排部署，着眼穷尽问题隐患，对已经存在的、潜在的、意想不到的、想当然的问题“对症下药”，对容易发生群死群伤安全事故的重点行业领域，坚持一个行业、一个领域制定一个文件，对每个领域的风险全梳理，对每个环节提出防范主体、措施，补上标准漏洞、更新旧标准、抬高“低”标准，确保系列文件实现重点行业、重点领域、重点单位、重点部位、重点岗位全覆盖。

任何一个管用的文件，都是广开言路、凝聚共识的产物。起草组先后两轮征求省级领导同志、各市县区、相关部门的意见建议，将1000多条意见建议认真研究、全面吸收，着力推动系列文件成为管全局、管根本、管长远的“重磅文件”。

安全生产管理，要在责任、贵在闭环。起草组将追责问责贯穿文件始终，明确、分解、落实安全生产责任，对领导班子和领导干部调整、责任追究等提出具体要求，树立重视安全生产的选人用人导向，真正让制度“长牙”“带电”。

三

会场里，经过几轮征求意见、不断打磨完善，系列文件讨论稿摆在每一位委员、候补委员的座席上，格外醒目。

作为全会的“重头戏”，专项文件和配套文件的起草单位主要负责同志逐一解读说明，与会人员集中学习、充分讨论，大家在学与思中，思想认识进一步统一、能力水平进一步提高。

经过两天的学习领会、深入解读、交流研讨，大家收获满满：

认识再次深化、眼光更为长远——

“这次全会是一次思想和能力上的再学习、再培训，无论是深学细悟总书记关于安全生产重要论述和重要指示精神，还是深刻反思反省、深究问题之根、深查思想之源，都给我们敲响了警示钟、拧紧了安全弦。我们在对标对表中找差距、查不足，在痛定思痛中明职责、强担当，进一步增强了防风险、除隐患、保安全的责任感、使命感。”

“把安全生产工作抓实抓细，是总书记交给我们的重大政治责任，要从坚定捍卫‘两个确立’、坚决做到‘两个维护’的政治高度，深刻领悟总书记的良苦用心和嘱托重托，切实把思想和行动统一到习近平总书记重要指示精神和党中央决策部署上来，把智慧和力量凝聚到自治区党委工作安排上来。”

共识再次凝聚、信心更加坚定——

“全会对长期存在的风险隐患‘开刀’、向积存已久的顽瘴痼疾‘亮剑’，体现了自治区党委和全区上下的政治忠诚、体现了对人民高度负责的价值理念，我们要把造福人民作为最大政绩、把人民群众的安危冷暖放在最高位置，全力以赴保民命、护民安、惠民生。”

“这次会议系统研究了我区安全生产领域存在的问题隐患，用一系列专项文件和配套文件厘清了边界、明确了责任、细化了分工，构建了系统完整、监管高效的安全生产治理体系，使我们抓好安全生产工作有矩可循、有矩必循。”

…………

安全生产没有完成时，只有进行时，永远在路上。打好安全生产“翻身仗”，我们破釜沉舟、背水一战，以案为鉴坚决彻底“当下改”、全面系统“长久治”，从“零”再出发！

（记者姜璐，原载于《宁夏日报》2023 年 7 月 28 日第 1、5 版）

让好生态成为百姓最普惠的福祉

——宁夏守住绿水青山，打造金山银山

夏日，徜徉在西吉县吉强镇龙王坝村，从高处俯瞰，梯田线条交错，宛如大地的掌纹，美不胜收。曾经，这里苦瘠甲天下，山坡上种啥啥不成，放眼望去只有荒凉；如今，这里层层梯田，漫山尽染，“种”出风景引来客，一跃成为中国最美休闲乡村。

有人问，从不适宜生存到中国最美乡村，宁夏这个村子凭啥？“绿水青山就是金山银山！家乡的变化离不开党和政府的好政策，离不开群众持之以恒的决心和干劲！”西吉县吉强镇龙王坝村党支部副书记焦建鹏给出答案。

2016 年 7 月，习近平总书记视察宁夏时指出，宁夏作为西北地区重要的生态安全屏障，承担着维护西北乃至全国生态安全的重要使命。要牢固树立绿水青山就是金山银山的理念，继续打好蓝天、碧水、净土保卫战，抓好生态环境保护，努力建设黄河流域生态保护和高质量发展先行区。

自治区党委、政府牢记习近平总书记的殷切嘱托，把生态文明建设放在突出位置。自治区第十三次党代会报告提出，实施生态优先战略，打造绿色生态宝地。宁夏坚持绿色发展，立足区情实际和地域特色，勇于实践，不断探索“绿水青山就是金山银山”双向转化路径，提供了一件又一件因地制宜、特色鲜明、富有高辨识度的宁夏案例。

2000 年，生态移民苏静萍从西吉县迁居银川市西夏区，从一位地道农民变身为贺兰山东麓葡萄酒产业园区里的产业工人。这些年来，她见证了贺兰山东麓的生态环境变化。“以前在这里种葡萄时，经常遇到大风天，满眼满嘴都是沙子。现在站在贺兰山下，抬眼看到的都是美丽风景。”苏静萍说。

贺兰山东麓葡萄酒产业园区是全国集中连片规模最大的酒庄酒产区。2020年，习近平总书记在贺兰山东麓视察时强调，宁夏要把发展葡萄酒产业与加强黄河滩区治理、加强生态恢复结合起来。

宁夏把贺兰山东麓作为践行绿水青山就是金山银山理念的“试验田”，走出了一条绿水青山与金山银山相互转化的葡萄酒产业高质量发展之路，曾经采石挖矿留下的满目疮痍的戈壁荒滩变成驰名中外的酿酒葡萄黄金产区。贺兰山东麓葡萄酒产业园区酿酒葡萄种植面积有50余万亩，全产业链综合产值达到300亿元，为宁夏生态治理、脱贫攻坚和乡村振兴作出了突出贡献。

“绿水青山就是金山银山”实践创新基地称号，是生态文明建设“国字号”的金字招牌。

2022年11月，生态环境部发布第六批“绿水青山就是金山银山”实践创新基地名单，贺兰山东麓葡萄酒产业园区、固原市隆德县成功入选，这是继2020年、2021年石嘴山市大武口区、固原市泾源县、银川市西夏区镇北堡镇入选实践创新基地后，宁夏生态文明建设示范创建取得的新成绩。

党的二十大报告提出，推动经济社会发展绿色化、低碳化是实现高质量发展的关键环节。

连日来，高温天气持续，但宁夏建龙特钢有限公司连铸作业区的工人们却干劲十足。建龙特钢公司2022年启动建设的1号高炉煤气精脱硫改造项目运行，如今已经步入正轨。项目兼具减污与降碳效果，二氧化硫排放浓度将从原来的50毫克/立方米降至30毫克/立方米，达到国家超低排放标准。今年，该企业又相继启动实施气力输灰改造等一大批节能降碳减排项目。“我们的目标是实现工业废弃物的循环利用，建立起企业内部循环经济生态。”建龙特钢公司负责人说。

建龙特钢仅仅是宁夏企业践行绿色低碳发展的一个缩影。

今年是宁夏深入打好污染防治攻坚战、加快打造绿色生态宝地的发力之年，宁夏紧盯生态环境质量持续改善总目标，推进环境污染大治理，坚持精准治污、科学治污、依法治污，强化多污染物协同控制和区域协同治理，扎实推进打好污染防治攻坚战以及固体废物和新污染物治理，稳步推动重点工程项目落地，持续释放生态环境效益。上半年，宁夏环境空气质量优良天数比例达73.8%；黄河干流宁夏段稳定保持“II类进II类出”；贺兰山东麓防洪治理工程等重点项目顺利推进；启动本年度新污染物调查监测评估，不断加强土壤污染源头防控，推动自治区财政农村生活污水治理以奖代补资金支持比例从30%提高到40%；稳步推进银川市、石嘴山市“无废城市”建设，两市一般工业固废综合利用率均明显提高，危险废物和医疗废物收集处置率达到100%。

在宁夏，越来越多的群众切身感受着生态环境改善带来的生活和生产变化。宁夏正在举力实现生态环境质量稳中向好、好中向优，清新空气、清洁水体、清净土壤已成为全区人民最普惠的福祉。

（记者李锦，原载于《宁夏日报》2023年7月21日第1版）

延伸阅读

守护贺兰山之青

宁夏地处我国干旱地区和半干旱地区、荒漠和草原的过渡地带，植被稀疏，森林资源匮乏，水土流失严重，风沙灾害多发，生态环境较为脆弱。

面对这样的“先天不足”，宁夏牢固树立“绿水青山就是金山银山”的理念，坚持推行实施全域生态保护修复措施，着力推进山水林田湖草沙系统治理，加强林地、湿地、荒漠生态空间治理，把生物多样性纳入保护范围，不断提升生态环境承载能力，形成了体系完整、功能完善的绿色生态廊道，不但进一步改善了宁夏的生态环境，也实现了经济发展与生态建设融合推进。

林场，是培育和保护森林资源的林业生产性单位。半个世纪以来，林场在我国林业发展中发挥了重要的骨干、示范和带动作用，特别是在森林培育和保护方面取得了巨大的成就。

宁夏有国有林场96家，其中省级国有林场5家。它们对宁夏生态的保护和改善作出了重要贡献。这些林场有哪些历史经历，现状如何，未来又将怎样，本文通过贺兰山林场人的故事，展现宁夏主要林场面貌，以及林场在宁夏生态建设中发挥的作用，增强人们生态环境保护意识，共爱共护美丽家园。

1950 年，贺兰山林区成立管理机构，成为省级国有林场，1988 年贺兰山晋升为国家级自然保护区后，贺兰山林场归属宁夏贺兰山国家级自然保护区管理。

保护区现有森林面积 41.4 万亩，森林覆盖率约 14.3%。生物多样性丰富，分布有野生维管植物 647 种、苔藓植物 204 种、大型真菌 259 种、野生脊椎动物 218 种（其中国家一级保护动物 12 种、二级保护动物 41 种）。矿藏资源储量丰富，在宁夏已列入矿产平衡表的 17 种矿产中，产于贺兰山的占 10 种。此外，保护区旅游资源丰富，西夏陵、贺兰山国家森林公园、贺兰山岩画等 7 家景区，年接待游客百万人次以上。

贺兰山国家级自然保护区的植被分布随海拔高度的升高而变化，高海拔以青海云杉为主，多在山的背阴侧，因此贺兰山的东侧植被较为稀少，而处

贺兰山马鹿

于内蒙古阿拉善左旗的西侧则能看到成片的森林。随着海拔的降低，依次分布着各类针叶植物、乔木、灌木，直至草场。由于贺兰山林区绝大部分林木是天然林，林区的主要工作是森林防火、资源管理、监控林木的生长和病害情况及科研监测等。

李鹏，贺兰山林场一名普通职工，参加工作已有15个年头，干了多年的护林员，如今在保护区防火科就职。

李鹏的爷爷、父亲都是保护区的护林员，父亲1年前退休。出身于“护林世家”的李鹏，从小听爷爷讲守护贺兰山的故事，长大了跟随父亲巡山护林，最终“接棒”守护贺兰山的任务。

李鹏听爷爷讲，林场成立之初，人们环境保护意识薄弱，更多的是索取资源。伐木、狩猎、放牧现象很常见。林场的工作条件很简陋，没道路、缺设备，巡逻基本靠脚，是一步步走在大山里的。

李鹏六七岁记事起，常跟随父亲到贺兰山“上班”。“我父亲先是在马莲口护林点，那时的山坡上没有草，举目望去大山一片光秃，只有山沟里有很少的低矮灌木，至于高大的林子都藏到深山中去了。”后来，父亲调至大水沟护林点，由于当时那里多煤矿企业，他看到的贺兰山“到处撒满煤粉，矿渣斜铺在山坡上，大山被开挖得千疮百孔。”这时也是贺兰山生态环境最差的时候。

2003年，宁夏开始实施全境禁牧。李鹏开始看到贺兰山的巨大变化，“只有两三年的光景，生态环境就变化很大。各种灌木随处可见，山坡上、大滩上长满了草，有的地方草有1米高，非常茂密。”

2017年，石嘴山市根据中央要求和自治区党委、政府统一部署，坚决打响贺兰山生态保卫战，举全市之力推动“父亲山”休养生息、重焕容颜。2019年，石嘴山市又启动实施贺兰山生态修复治理工作。累计依法关闭退出煤矿39家、非煤矿山61家、涉煤企业582家，退出煤炭产能2000万吨。截至2021年9月底，累计进行生态修复146平方公里，造林绿化近万亩，辐射开展人工播撒草籽177平方公里，基本实现“应治尽治”，贺兰山林草植被明显增加，生态服务系统得到恢复。

李鹏渐渐喜欢上了变绿的贺兰山，也更能理解父辈护林工作的意义与价值。毕业后他最终还是选择了这份职业，当起了贺兰山的守护者。

做护林员时，李鹏每天的主要工作是巡逻，防止未经允许人员进入保护区，达到防火的目的。他的浅山（保护区边缘）巡逻线路有 13 公里，除了雨雪天气，要 24 小时值守。深山巡逻要到海拔 1800 米以上的保护区，每次巡逻需要四五个小时。

“巡逻的苦不算什么，最难的还是与进入保护区的人打交道。”刚参加工作的几年，李鹏遇到过盗猎者，“多亏山沟里布置了许多铁丝套，护林员及时赶到，才没有造成损失。”可盗猎者并不以为然，甚至情绪激动地认为贺兰山是“大家”的，凭什么不让他们“下套”，“最后只能通过讲政策、宣传生态保护理念劝走他们。”这样的经历，让李鹏难忘，也让他体会到自己工作职责的重要性。

每年清明节前，到贺兰山周边扫墓上坟的人会骤增，由于不少老坟还在保护区内，这给防火工作带来很大压力。这时，也是李鹏和同事们最忙的时候。设点检查祭扫人员是否携带火种，到祭奠现场查看是否有用火情况，有时还得与祭扫人员“斗智斗勇”。入夏后，气温升高，贺兰山会吸引来很多抓蝎子的人，“一到晚上，山坡上布满了移动着的荧光灯亮点，护林员就要连夜对这些人进行劝离，有时一折腾就是一夜。”

工作十几年，李鹏也算一名老护林员了，他说护林员做的许多事情看似很小，但都与防火息息相关，是在防微杜渐，任何一件小事都可能引起重大火情。值得欣慰的是，那些“挠头事”，近些年少了很多，如盗猎行为几乎绝迹。“这与社会上普遍增强的环保意识有很大关系。与进入保护区人员沟通起来也比以前顺畅多了，人们都有了环保意识，对保护区的管理都能理解。”李鹏认为自己现在的工作比爷爷、父亲那时好做多了。

各个护林点是做好保护区工作的第一条防线。翟昱，贺兰山干沟护林点组长，2005 年参加工作，至今做护林员已经 18 年。他从贺兰山最北边的红果子护林点干起，之后，几年换一个护林点，最南边到过银巴路护林点，贺兰山自然保护区南北长 170 多公里的范围他几乎都值守过。说起哪个山口有什么特点、周围人员活动情况、山中动植物的分布、气候的变化等，翟昱会娓娓道来。

护林点上的生活是孤独的，这里远离人群，贴近大自然，工作作息是24小时连续值守5天，在春节防火的重点时期会1个月在护林点值守，一日三餐自己做。环境单调，很少见到人，不免寂寞无聊，但见不到人又是他们所希望的。护林员工作的重中之重就是防火，管住了人员就是管住了火源。

工作日，翟昱会骑着摩托车，带上防火工具，在辖区巡护，巡护又分浅山巡护和深山巡护。浅山巡护主要是针对保护区红线附近的人员活动，比如越界放牧的牧民、野营的游客、喜欢不走寻常路的驴友等，都要对他们进行劝阻。深山巡护的主要任务是查看野生动植物的状况、有无病虫害现象并作好记录的资源管护工作，还有巡查盗猎、盗采情况，巡护回来后要把记录通过工作群及时上报给自然保护区管理站。

翟昱说他喜欢这份工作，因为他看到了贺兰山的变化，认识到了贺兰山对生态的重要性，“贺兰山像父亲一样守护着宁夏平原，静静地耸立在那里。它也是孤独的，能陪着它走过这么多年难道不是一件幸事吗？”贺兰山让翟昱习惯孤独，甚至学会享受孤独。

作为宁夏最大的天然林，贺兰山国家级自然保护区在林杨工作人员的精心呵护下，在全社会共同保护下，不断焕发出勃勃生机。这一山的葱郁树木，为宁夏平原涵养了大量的水分，持续释放着氧气，吸收着大气中的碳排放，自然界的生灵自由生长……只有人与自然和谐相处,家园才能变得更加美丽。

（作者钟培源，原载于《宁夏画报》2023年第5期）

2023 年上半年宁夏经济运行总体平稳，稳中有进

今年以来，面对复杂严峻的发展环境，在自治区党委和政府的正确领导下，全区上下全面贯彻习近平总书记视察宁夏重要讲话指示批示精神，深入开展学习贯彻习近平新时代中国特色社会主义思想主题教育，坚决落实党中央、国务院决策部署，坚持稳中求进工作总基调，持续用力大抓发展、抓大发展、抓高质量发展，推动稳增长、稳就业、稳物价各项工作落地见效，上半年，全区生产供给稳定增长，市场需求逐步恢复，转型升级稳步推进，新兴动能增势强劲，质量效益不断提升，民生福祉有效改善，经济运行呈现总体平稳、稳中有进的发展态势。根据地区生产总值统一核算结果，2023 年上半年，全区实现生产总值 2475.65 亿元，按不变价格计算，同比增长 6.5%。从产业看，第一产业增加值 108.70 亿元，增长 8.0%；第二产业增加值 1163.24 亿元，增长 6.5%；第三产业增加值 1203.71 亿元，增长 6.3%。

一、经济运行总体平稳，三次产业稳定增长

（一）农业生产形势喜人

一是畜牧业贡献突出。上半年，肉牛出栏 45.81 万头，同比增长 15.5%；羊出栏 459.23 万只，同比增长 16.0%；家禽出栏 757.86 万只，同比增长 30.4%。6 月末，全区肉牛存栏 152.60 万头，同比增长 6.7%；羊存栏 710.03 万

只，同比增长 1.1%；家禽存栏 1384.29 万只，同比增长 8.4%。二是奶产业快速发展。6 月末，全区奶牛存栏 88.02 万头，同比增长 11.1%。上半年，牛奶产量 203.96 万吨，同比增长 21.8%，实现产值 57.86 亿元，同比增长 14.9%。三是农产品产量稳定增长。上半年，全区蔬菜产量 115.19 万吨，同比增长 5.2%；肉产量 21.34 万吨，同比增长 10.3%；禽蛋产量 6.85 万吨，同比增长 5.2%；水产品产量 4.96 万吨，同比增长 8.2%。

（二）工业生产稳定增长

上半年，全区规模以上工业增加值同比增长 7.2%，比 1—5 月加快 0.1 个百分点。其中，轻工业增长 16.2%，重工业增长 6.6%。一是制造业拉动有力。上半年，全区规模以上工业制造业增加值同比增长 7.7%，采矿业同比增长 18.4%，电力、热力、燃气及水生产和供应业同比下降 5.8%，降幅比 1—5 月收窄 1.6 个百分点。二是主要行业稳定增长。上半年，全区规模以上煤炭行业增加值同比增长 13.8%、石油石化同比增长 10.4%、冶金同比增长 7.3%、有色同比增长 13.5%、纺织同比增长 70.4%、电子（主要是晶硅材料）同比增长 45.2%、轻工同比增长 13.8%、机械同比增长 9.5%。三是各类型企业均稳定增长。上半年，全区规模以上国有控股企业工业增加值同比增长 3.5%，民营企业同比增长 9.2%，大中型企业同比增长 10.6%。四是主要产品产量稳定增长。上半年，全区原煤产量同比增长 4.1%、原油加工量同比增长 0.9%、乳制品同比增长 25.3%、饮料同比增长 16.9%、化学农药原药同比增长 46.7%、化学药品原药同比增长 6.7%、化学纤维同比增长 1.1 倍、单晶硅同比增长 1.5 倍、轮胎外胎同比增长 53.8%、水泥同比增长 1.8%、塑料制品同比增长 11.7%、原铝同比增长 9.3%、矿山专用设备同比增长 16.0%、工业自动调节仪表与控制系统同比增长 1.9%。

（三）服务业较快增长

上半年，全区服务业增加值同比增长 6.3%，比上年同期加快 3.2 个百分点。其中，批发和零售业增加值增长 5.1%，比上年同期加快 5.5 个百分点；交通运输、仓储和邮政业增长 8.5%，加快 8.4 个百分点；住宿和餐饮业增长 11.7%，加快 11.2 个百分点；金融业增长 8.2%，加快 5.2 个百分点；房地产业增长 2.6%，加快 5.2 个百分点；其他服务业增长 6.1%，加快 0.8 个百分点。

二、投资需求不断扩大，市场消费持续恢复

（一）投资保持较快增长

上半年，全区固定资产投资同比增长 9.0%。其中，第一产业投资下降 4.6%，第二产业投资增长 28.3%，比 1—5 月加快 4.7 个百分点，第三产业投资下降 4.5%。一是工业投资快速增长。上半年，全区工业投资同比增长 28.6%，比 1—5 月加快 4.6 个百分点。其中，采矿业投资增长 9.5%，制造业投资增长 10.2%，电力、热力、燃气及水生产和供应业投资增长 74.2%。二是民间投资小幅回升。上半年，全区民间投资同比增长 3.3%，比 1—5 月加快 0.5 个百分点。其中，农业民间投资下降 28.6%，降幅比 1—5 月收窄 4.5 个百分点；工业民间投资增长 20.7%，比 1—5 月加快 5.1 个百分点。三是教育卫生投资较快增长。上半年，全区教育投资同比增长 19.6%，卫生投资同比增长 42.9%。

（二）市场消费持续恢复

上半年，全区社会消费品零售总额 641.72 亿元，同比下降 1.2%。限额以上金银珠宝、文化办公用品、通信器材、汽车等升级类商品零售额分别同比增长 3.8%、14.7%、28.3% 和 9.9%；粮油食品、饮料、烟酒、中西药品等基本生活类商品零售额分别增长 5.9%、12.7%、5.3% 和 5.6%。

（三）对外出口小幅回升

据银川海关统计，上半年，全区进出口总值 105.31 亿元，同比增长 2.5%，比 1—5 月回升 3.1 个百分点。其中，出口 81.95 亿元，增长 0.9%；进口 23.36 亿元，增长 8.8%。

三、转型升级稳步推进，新兴动能增势强劲

（一）经济结构调整优化

从产业看，上半年，全区高技术制造业、装备制造业增加值占规模以上工业增加值的比重为 12.1% 和 14.6%，分别比上年同期提高 2.3 个百分点和 2.2 个百分点。从投资看，上半年，工业投资占全区投资比重为 48.4%，比上年同

期提高 7.4 个百分点，其中，制造业投资占比为 24.9%，提高 0.3 个百分点。

（二）新兴动能增势强劲

一是创新投入快速增长。上半年，全区高技术产业投资同比增长 41.2%，比 1—5 月加快 4.4 个百分点，其中，高技术制造业投资增长 64.2%。装备制造业投资同比增长 74.1%，比 1—5 月加快 14.1 个百分点。二是高技术产业发展强劲。上半年，全区规模以上高技术制造业增加值同比增长 37.2%；装备制造业增加值同比增长 31.6%，比 1—5 月加快 2.5 个百分点。三是信息产业稳定增长。1—5 月，全区规模以上信息传输、软件和信息技术服务业营业收入同比增长 6.8%。

四、就业物价总体稳定，居民收入稳步增长

（一）城乡就业总体平稳

据自治区人力资源和社会保障厅统计，6 月末，全区城镇新增就业 5.96 万人，完成全年目标任务的 74.5%；农村劳动力转移就业 80.66 万人，完成全年目标任务的 100.8%。

（二）居民收入稳定增长

据宁夏调查总队统计，上半年，全区全体居民人均可支配收入 13806 元，同比增长 7.0%。其中，城镇常住居民人均可支配收入 19590 元，增长 5.9%；农村常住居民人均可支配收入 6500 元，增长 7.8%。

（三）消费价格保持稳定

据宁夏调查总队统计，6 月，全区居民消费价格同比上涨 0.2%，涨幅比 5 月回落 0.3 个百分点。八大类商品及服务价格同比呈“6 涨 2 降”态势，其中，食品烟酒价格同比上涨 3.1%、衣着上涨 0.2%、居住上涨 0.3%、教育文化娱乐上涨 1.4%、医疗保健上涨 0.8%、其他用品及服务上涨 4.3%，生活用品及服务下降 0.8%、交通通信下降 6.2%。上半年，全区居民消费价格同比上涨 0.9%，涨幅比 5 月回落 0.1 个百分点。

五、财政金融增势良好，交通运输较快增长

（一）财政收支较快增长

据自治区财政厅统计，上半年，全区地方一般公共预算收入 260.80 亿元，同比增长 12.5%。其中，税收收入 186.71 亿元，增长 32.5%，比 1—5 月加快 4.0 个百分点。一般公共预算支出 921.77 亿元，同比增长 5.3%。

（二）金融存贷增势良好

据人民银行银川中心支行统计，6 月末，全区金融机构人民币各项存款余额 9084.0 亿元，同比增长 11.9%。其中，住户存款 5370.2 亿元，增长 15.8%。人民币各项贷款余额 9528.79 亿元，同比增长 8.6%。

（三）交通运输稳定恢复

上半年，全区铁路、公路、民航共完成货运量同比增长 9.0%，比上年同期加快 3.1 个百分点。其中，公路货运量增长 13.8%，比上年同期加快 9.4 个百分点。

总体来看，全区经济继续保持较快增长态势。但也要看到，保持经济稳定较快增长的基础仍需巩固。下阶段，全区上下要坚持问题导向、目标导向、结果导向，围绕稳增长、稳就业、防风险等，采取有力有效政策举措，狠抓工作落细落地落实，对标对表补短板强弱项，全力巩固经济稳定增长基础，努力推动经济平稳较快增长，确保完成全年目标任务。

（原载于宁夏回族自治区统计局官网，2023 年 7 月 20 日）

法治宁夏幸福塞上山川

——宁夏政法工作综述

“安全和发展是一体之两翼、驱动之双轮。”近年来，宁夏牢记习近平总书记的殷切嘱托，切实担当起先行区建设使命任务，坚持统筹发展和安全两件大事，不断书写全面建设社会主义现代化美丽新宁夏的法治篇章。

“大鹏之动，非一羽之轻也；骐骥之速，非一足之力也”。宁夏政法机关在服务中心大局中，以新安全格局保障新发展格局、以高水平法治服务高质量发展，平安宁夏、法治宁夏、“塞上枫桥经验”幸福塞上山川。

厚积安全之势

不负千钧嘱托，写好时代答卷。面对新形势、新挑战、新任务，自治区党委建立“总书记怎么说”的任务清单，动态跟进“我们就怎么做”的工作台账。自治区党政主要领导先后多次对平安宁夏建设工作作出批示，推动顶层设计，建立重大安全风险研判防控工作机制，定期召开会议分析研判风险，建立“四防”常态化督查机制，坚持“一竿子插到底”的明察暗访，及时察觉苗头新动向，消除安全隐患，厚积安全之势，确保了全区大局稳、社会稳、人心稳的好局面。

为更好维护政治安全、社会安定、人民安宁，自治区党委政法委聚焦群众急难愁盼，及时跟进调研涉政法领域突出问题，持续推进整改化解，开展全区政法机关大调研，牵头开展全区涉法涉诉信访领域突出问题专项整治，为民办实事解难题；常态化推进扫黑除恶斗争，打掉涉黑涉恶团伙 11 个，查封、扣押、冻结涉案资产 3.41 亿元，立案查处涉黑涉恶腐败和“保护伞”问题 87 件，处理 247 人；去年以来，部署开展为期 3 年的反诈人民战争，挂牌整治 5 个重点县（区）突出治安问题，电信网络诈骗案件发案数、财产损失数连续 18 个月下降；全区连续 10 年未发生重特大道路交通事故；今年上半年刑事案件同比下降 11.9%；优化政法服务供给，公安机关推行“365 天 ×24 小时”政务服务模式，群众满意率保持在 99% 以上；司法行政机关“最多跑一次”公证事项从 70 项扩大到 180 项，位居全国第二……

数据显示，全区公众安全感连续 13 年保持在 90% 以上。宁夏人民获得感成色更足、幸福感更可持续、安全感更可保障。

筑牢法治之基

自治区党委和政府高度重视法治建设，将“实施依法治区战略”写入自治区第十三次党代会报告，坚持法治宁夏、法治政府、法治社会一体建设、全方位推进。为发挥法治固根本稳预期利长远的保障作用，自治区党委政法委聚焦政法领域顽瘴痼疾，建立健全委员述职、政治督察、纪律作风督查巡查、执法监督、政法干部“协查”“协管”等制度机制，对 137 个政法单位开展全覆盖督察，形成问题清单和责任清单，逐一推动整改。

宁夏推动黄河流域地方立法，推进先行区建设，出台《宁夏回族自治区建设黄河流域生态保护和高质量发展先行区促进条例》，以良法促进发展、保障善治。

法治是最好的营商环境，宁夏政法机关明确 32 条具体举措，着力解决影响企业发展和群众办事的难点堵点痛点问题。自治区党委政法委督导推动涉党政机关案件执行，推动人民法院执结涉党政机关履行生效裁判 1273 件，执行到位金额 15.59 亿元。政法各单位部署开展“护企安商”“护航法治化营商环境”等专项行动，今年前 5 个月，全区公安机关侦办侵害企业合法权益的经济犯罪案件 229 起，检察机关依法起诉集资诈骗、合同诈骗、强迫交易等破坏社会主义市场经济秩序犯罪案件 111 人，自治区高院开展执行难攻坚，被最高人民法院确定为全国 5 家基本解决执行难样板法院之一，银川市中级人民法院牵头的执行合同、保护中小投资者两项指标获评全国标杆。

提升治理之效

自治区第十三次党代会提出“在全国率先推进全域社会治理现代化”，自治区党委政法委统筹全区各地各部门积极探索具有时代特征、自身特色社会治理之路，让新时代“枫桥经验”在宁夏落地生根。

推进社会治理现代化，抓基层打基础是永恒的主题。截至目前，全区乡镇（街道）综治中心实现全覆盖，乡镇（街道）政法委员全部配齐，派出所所长进基层党政班子率达 100%，建成“塞上枫桥”人民法庭 34 个、社区（村）警务室 2608 个、标准化司法所 128 个，建成一站式矛盾纠纷多元调解中心 221 个，配备网格员 22510 名，95% 以上的矛盾纠纷化解在基层。

为积极适应新时代社会治理智慧化情境，自治区党委政法委牵头打造社会治理基层综合指挥平台，为“塞上枫桥”注入现代元素，涵盖 17 大类 88 种类矛盾纠纷化解业务工作，打通与公安、司法行政、法院、检察院、信访等 54 家平安建设成员单位的数据共享通道，让社会治理走入“智能时代”，有效提升了宁夏矛盾纠纷排查化解能力，实现“小事不出村、大事不出镇、化解在县域、矛盾不上交”。全区矛盾纠纷多元化解系统、社会治理基层综合指挥平台分别入选 2022 年、2023 年政法智能化建设智慧治理创新案例。

新时代、新起点、新征程，全区政法机关将紧紧围绕中国式现代化谋划推进政法工作现代化，认真履职尽责，积极担当作为，扎实做好防风险、保安全、护稳定、促发展、惠民生各项工作，为全面建设社会主义现代化美丽新宁夏贡献政法力量。

（记者强永利，原载于《宁夏日报》2023 年 7 月 18 日第 1、4 版）

宁夏百年考古熠熠生辉
奋进新程意气风发

1923年，水洞沟旧石器时代遗址被发现，开启了宁夏现代考古的新纪元。一百年来，宁夏考古人历经数次科学系统考古发掘与研究，建立了宁夏地域历史发展的考古学时空框架，丰富了宁夏的历史文化内涵。经过几代宁夏考古人不懈努力，一系列重要的考古发现揭示了宁夏地区文明起源和发展的历史脉络，展现了中华文明的灿烂成就。

宁夏考古——中国考古百年历程的缩影

自1923年发现并发掘水洞沟遗址开始，宁夏考古工作已历经百年，是中国考古百年历程的一个缩影。水洞沟旧石器时代遗址自1923年发现并开展持续调查、发掘至今，建立了自4万年至1万年以来宁夏北部的人类演化序列，目前对水洞沟遗址年代、地层、文化性质及来源问题已基本清晰，水洞沟遗址在研究中国乃至东亚地区“现代人起源”这一重要课题中发挥了重要作用。

为深入研究宁夏南部地区新石器文化遗存的内涵，依托“考古中国——河套地区聚落与社会研究”项目，宁夏文物考古研究所对位于隆德县渝河流域的周家嘴头遗址进行了连续的考古发掘，取得了重要收获。2017年至2021年，周家嘴头遗址进行了连续5年的主动性考古发掘，主要包含仰韶早期、仰韶中期、仰韶晚期、齐家早期等时期，其中以仰韶晚期遗存最为丰富。周家嘴头遗址的发掘对建立宁夏南部地区新石器时代文化序列有重要意义，大规模陶窑的发现证明周家嘴头遗址是一处制陶业特征明显的史前聚落，陶窑的数量和密度之大在国内其他同时期遗址中较为少见，生产的陶器远远超出本聚落消费范围，应该是向周围地区供应陶器，这对研究当时社会复杂化具有非常重要的意义。

百年来，仰韶文化的发现和研究一直延续不断，豫西晋南关中一带的仰韶文化分布数量多、密度高，不乏特大型中心聚落，是华夏文明最早的诞生地，是探索中国早期文明起源的核心地区。宁夏南部是西北地区史前考古研究的重要一环，是实证中华文明五千多年文明史的重要区域。周家嘴头新石器遗址的发掘是中华文明“重瓣花朵说”最好例证，是“中心”和“边缘”对比研究不可或缺的材料。

姚河塬遗址位于宁夏固原市彭阳县新集乡姚河村北部，地处陇山（六盘山）东麓泾水上游红河流域的山前缓坡台塬地上，面积达92万平方米。姚河塬遗址是目前陇东地区首次发现的西周封国都邑城址，且处于周人最西北的边疆，地理位置十分重要。该区域在《诗经》《史记》等记载中属于商周时期的大原，居住有獫狁、犬戎、鬼戎、义渠戎等戎人集团。在姚河塬遗址发现有殷商、刘家、寺洼、北方、周人等文化遗物，表明西北边疆区域人群构成的复杂性。该遗址的考古发掘工作对了解西周国家的政治格局、周王朝与西北边陲地区的关系提供了珍贵的新资料，也为研究陇东地区的考古学文化编年和社会复杂化进程提供了新视角。

张家场城址位于宁夏盐池县西北花马池镇张家场村西，地处鄂尔多斯台地、毛乌素沙地西南缘。根据以往的考古调查和墓葬发掘，结合文献记载，推断张家场古城为秦末北地郡所属的昫衍县城，西汉时期的上郡属国都尉城，后为东汉上郡的龟兹属国城，是秦代后期至东汉初年的边城遗址。对认识秦汉时期边地城址的布局与功能、形态与规模、边城与长城的关系、中央王朝对边地的管理，以及关于中华文明大一统格局形成过程的研究具有重要意义。

贺兰山苏峪口瓷窑址位于宁夏贺兰山苏峪口内，发掘的两座瓷窑址首次揭示了一个全新的窑业类型。宁夏地区宋金时期最著名的是灵武窑，产品的胎呈灰或灰黑胎，胎质较粗，釉为化妆土白釉和黑釉。而苏峪口窑址的产品均为不施化妆土的精细白瓷，基本不见纹饰装饰，以造型与釉色取胜，是一个全新的窑业类型，可以称为贺兰窑。本窑址烧造的产品与西夏陵、贺兰山东麓的西夏离宫遗址等出土的精细白瓷基本一致，可确定这是西夏宫廷用瓷的烧造地，具有西夏“官窑”的性质。出土的典型器物包括高圈足的碗、瓜棱深腹罐等，其胎釉特征、器型、装饰等与北宋晚期至南宋早期的湖田窑相似，即初步判定年代为西夏中晚期。

宁夏在石窟寺专项调查工作中，全面掌握了我区石窟寺的基本情况、保护现状和存在的问题，编制了全区石窟寺文物名录，全面梳理了石窟寺安全防范风险，逐步实现了安全防范全覆盖。形成的调查工作报告，对石窟寺保护提出政策和措施建议，为构建科学有效的石窟寺保护体系提供基础资料和依据，进一步提高了石窟寺保护人员的专业技能和研究水平。

宁夏彭阳县红河流域区域系统考古调查工作自 2017 年开始持续至今，取得了一系列重要考古成果，新发现 35 处新石器时代遗址，42 处历史时期遗址。红河古称阳晋川水，隋唐时期称洪（横）川河，后演变为今名，为泾河支流。通过考古调查发现该流域自史前以来文化遗存就非常丰富，有仰韶文化、马家窑文化、齐家文化等。另外在该区域发现有先周、西周时期的文化遗存，县域内大量分布西戎的墓葬，是戎人的传统居住地，也是探究周戎、秦戎、周秦关系的重要区域。

为做好“一河三山”的保护和完成好深挖黄河文化内涵等任务，同时为全面深入了解罗山地区古文化遗存的面貌等学术问题，宁夏文物考古研究所对罗山地区实施系统的考古调查工作。通过考古调查，共发现旧石器时代遗址点 4 处、新石器时代遗址点 39 处、历史时期遗址点 16 处，填补了罗山地区考古空白。罗山地区旧石器时代遗存的发现对进一步探索宁夏地区旧石器时代晚期文化分布、人群迁徙等问题提供了新线索，密集的新石器时代遗存的发现对研究宁夏中部地区与周邻地区新石器时代文化的关系提供了新材料。

近年来，宁夏始终保持着与国内外考古机构、专家通力合作的机制，国内外 20 多家专业考古机构参与宁夏的考古学研究，丰富了宁夏区域文明在中华文明起源进程中的重要作用。

丰富了我国“百万年的人类史、一万年的文化史、五千多年的文明史”

宁夏考古在中华乃至世界文明史上有哪些重要贡献和成就？党的十八大以来，宁夏考古工作者积极参与“中华文明探源工程”和“考古中国”项目，相继开展了灵武水洞沟遗址、青铜峡鸽子山遗址、隆德沙塘北塬旧石器时代遗址、周家嘴头新石器时代遗址、彭阳姚河塬商周遗址、盐池张家场汉代城址、贺兰山苏峪口西夏瓷窑址、固原开城安西王府元代遗址等考古发掘项目。开展了彭阳红河流域、六盘山东麓、罗山区域系统考古调查和石窟寺专项考古调查研究项目。其中，2个项目同时入选“全国十大考古新发现”和“新时代百项考古新发现”、2个项目入选“中国考古新发现”、2个项目入选“百年百大考古发现”。在考古发掘研究的基础上，建成西夏陵国家考古遗址公园，水洞沟遗址获国家考古遗址公园建设立项。

青铜峡鸽子山遗址发掘完成剖面

持续推进考古成果的挖掘、整理、阐释工作，先后出版考古报告、学术论文集40余部。《西夏六号陵》荣获2013年度全国文化遗产十佳图书；《水洞沟：2003—2007年度考古发掘与研究报告》荣获“首届中国考古学大会”研究成果金鼎奖；《胡汉之间——“丝绸之路”与西北历史考古》荣获全国文博考古最佳论著。《须弥山石窟考古报告·圆光寺区》首次在考古调查工作中引入数字化技术，为石窟寺考古报告编写树立典范。持续加强出土文物保护，相继组织开展同心倒墩子、王大户青铜器修复保护项目，固原南塬 M1401 墓葬出土壁画和固原城西墓地出土金属质文物等文保修复项目，修复保护了一批珍贵文物。

在新时代宁夏考古取得的重要成就中，灵武水洞沟遗址、青铜峡鸽子山遗址、彭阳姚河塬遗址、盐池张家场城址、贺兰山苏峪口瓷窑址、固原开城安西王府遗址，因其多样的文化遗存和独特的学术价值闻名于考古学界，对于深入认识中华文明起源、形成和发展历程，丰富我国百万年的人类史、一万年的文化史、五千多年的文明史具有重要意义。

任重道远　研无止境

今后，宁夏考古将着重推进新石器考古、商周考古、西夏考古等重大考古课题的研究，充分阐释宁夏地域在中华文明起源、形成、发展中的重要价值和地位，加强考古能力建设和成果展示宣传，发挥考古研究在文化遗产保护中的重要作用。

加强重点考古课题研究与阐释。围绕“中华文明探源工程”和“考古中国”等重大项目，编制重点地域及专题考古规划和计划。依托宁夏独特的历史演进轨迹和文化资源禀赋，重点开展以旧石器时代考古为代表的古人类史研究，以新石器时代考古为代表的中华文明起源研究，以商周、秦汉遗存考古为代表的中华文明发展研究等重大考古研究项目，揭示阐释宁夏在中华文明起源、形成、发展过程中的历史地位，为建设中国特色、中国风格、中国气派的考古学贡献力量。加快考古科研成果产出，推进考古资料整理和成果出版。加大文物考古资料整理研究力度，发表考古简报、研究论文，出版考古报告、研究专著。编写文物考古通俗读物，更好传播文物考古和历史文化知识，充分发挥文物以史育人的作用。

持续开展科技考古。加强现代科学技术在考古中的应用，鼓励多学科多领域协同合作，与国内高校、科研院所紧密合作，推动科技测年、环境考古、动物考古、植物考古、冶金考古、同位素分析、微量元素分析、DNA 研究、有机残留物分析等科技考古分支发展。开展考古现场文物保护、信息提取和实验室考古技术攻关，提高对出土文物的第一时间保护能力。

加强考古能力建设。深化与高校、科研院所合作，推动考古学科建设，促进考古人才培养。大力发展数字考古，提升考古信息采集管理、综合分析和研究应用水平。开展出土文物数字化保护修复工作。实施考古档案资料数字化建设，提升考古成果转化利用效率。

大力发展公众考古。推动考古现场定期向公众开放，广泛开展考古教育和考古体验。举办考古知识公益讲座，充分发挥考古的公益性和教育科普功能，推动考古成果进校园。推出考古夏令营、研学、志愿者社会实践等活动，扩大考古工作公众参与度。整合传统媒体、新媒体和自媒体资源，聚焦考古发掘、文物保护修复、考古和文物知识普及等主题，构建文物考古全媒体传播模式。

回首过去，展望未来，经过几代宁夏考古人不懈努力，一系列重要的考古发现揭示了宁夏地区乃至西北地区文明起源和发展的历史脉络，展现了中华文明的灿烂成就。宁夏考古人将始终秉持严谨求实、艰苦奋斗、敬业奉献的优良传统，继续探索未知、揭示本源，努力建设中国特色、中国风格、中国气派的考古学，更好展示中华文明风采，弘扬中华优秀传统文化，为实现中华民族伟大复兴的中国梦贡献力量。

（作者马强、王武恒，原载于《宁夏日报》2023年8月11日第7版，标题有改动）

延伸阅读

世纪华彩水洞沟

1923年，水洞沟旧石器时代遗址被发现，开启了宁夏现代考古的新纪元。100年来，宁夏考古人历经数次科学系统考古发掘与研究，建立了宁夏地域历史发展的考古学时空框架，丰富了宁夏的历史文化内涵。

8月7日，作为纪念水洞沟遗址发现100周年系列活动之一，“世纪华彩水洞沟”暨“宁夏考古成果展”在银川举行。这场展览，给考古爱好者上了一堂宁夏历史大课。

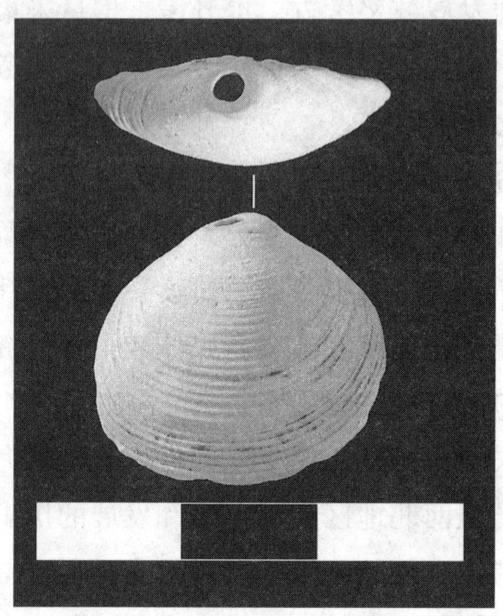

水洞沟遗址出土的贝类装饰品（2020 年出土）

一、纠正了“中国没有旧石器时代文化”的论断

水洞沟遗址位于灵武市临河镇，黄河支流边沟河两岸。于 1923 年发现并首次发掘，是中国最早发掘的旧石器时代遗址。首次发掘进行了 12 天，发掘的石器总量有 300 公斤以上，还发现有大量的古生物化石，包括鬣狗、羚羊、牛、犀牛和马等。“水洞沟遗址的发现和发掘是中国旧石器时代考古的开篇，纠正了‘中国没有旧石器时代文化’的论断。因此，水洞沟遗址也被誉为‘中国史前考古的发祥地’。”中国科学院古脊椎动物与古人类研究所特聘研究员、亚洲旧石器考古联合会荣誉主席高星说。

1960 年，中国和苏联古生物考察队联合对水洞沟遗址进行了大规模发掘，这也是中国学者第一次发掘水洞沟。1963 年，中国旧石器考古学的开拓者、著名旧石器考古学家裴文中先生，带队对水洞沟遗址进行又一次发掘。此次发掘首次发现水洞沟遗址第 1 地点包含旧石器时代和新石器时代两组不同的地层。1980年，为了进一步探索水洞沟遗址第1地点的文化内涵，宁夏博物馆和宁夏地质局区域地质考察队对第1地点进行了联合发掘，此次发掘经历了38天，发现了6700余件石制品和古生物化石标本。

一个世纪以来，水洞沟遗址共进行了6次大规模发掘，共计发现了12个旧石器遗址点，构成了分布于边沟河两岸的水洞沟遗址群。在跨越距今4万年至1万年左右的漫长时间里，水洞沟的古人类留下了大量的石器、骨器、装饰品、动物骨骼化石以及火塘等数以万计的遗物、遗迹。高星告诉记者，水洞沟遗址因其特殊的石器技术、不同时期的人群变化、复杂的环境演化背景，成为中国北方乃至东亚地区最为重要的旧石器时代遗址之一，对解决东亚地区现代人起源、东西方文化与人群交流以及农业起源等一系列国际重大课题有着重要的作用。目前，以水洞沟遗址考古材料为研究对象，出版发掘报告3部，博士、硕士论文10余篇，国内外期刊发表理论研究文章百余篇。2021年，在中国现代考古学诞生100周年之际，水洞沟遗址入选中国考古“百年百大考古发现”。2022年，水洞沟遗址成功入选国家考古遗址公园立项名单。

高星说，自2003年开始，中国科学院古脊椎动物与古人类研究所同宁夏文物考古研究所开启了长达20年的合作。2003—2007年，发掘了水洞沟遗址第2、3、4、5、7、8、9、12地点，此次发掘是中国旧石器考古发掘新方法、新理念的首次大规模运用，极大地提高了中国旧石器考古学研究水平，培养了大批专业人才。在长期合作过程中，我们不断探索、创新旧石器考古发掘和研究方法，逐渐形成了一套较为成熟的数字化发掘流程。目前，这一工作流程也从水洞沟走向全国，被其他地区多个发掘项目采用、借鉴。水洞沟遗址是中国史前考古的发祥地，它的百年历程也是中国旧石器考古产生、发展、壮大的过程，见证了一代又一代旧石器考古学家孜孜不倦的探索之路。

二、见证远古中西交流，促进现代国际合作

水洞沟遗址从发现之初就在国际上受到关注，一方面，因为它是中国最早发现并发掘的旧石器时代遗址，推翻了“中国没有旧石器时代文化”的论断。另一方面，水洞沟遗址第1地点发现的勒瓦娄哇技术的石制品，对探讨东西方文化和人群的交流，探索东亚地区现代人起源模式等重大国际学术问题具有重要意义。“其构建起了水洞沟遗址距今 4 万年至 1 万年左右的文化发展序列，为中国现代人起源‘本土连续进化附带杂交’的理论提供了支撑，在‘东亚地区现代人起源’‘农业起源’等一系列国际重大学术课题中有着不可替代的作用，在国际上享有重要的学术地位。”高星说。

“水洞沟遗址的发掘与研究，离不开中外学者的合作与交流。”高星告诉记者，1960 年，新中国成立后对水洞沟遗址开展的第一次发掘，就是由中国和苏联专家合作进行的。进入 21 世纪以后，水洞沟遗址的发掘由中国科研机构主持，其间有美国、澳大利亚、日本、韩国等国的学者来到水洞沟遗址，一起参与田野发掘和学术研讨，他们也为水洞沟遗址的研究提供了必要帮助。2013 年举办的水洞沟遗址发现 90 周年纪念大会及相关国际学术研讨会，有来自 13 个不同国家的学者参与，探讨了东亚和欧亚大陆地区旧石器晚期人类之间的关系。中国学者和国外学者发表的关于水洞沟遗址的研究成果亦不胜枚举。

三、管窥“水洞沟人”的远古生活

“4 万年前的‘水洞沟人’竟用鸵鸟蛋皮做装饰品，而且穿孔小到只有在显微镜下才能看到，这也太神奇了。”参观展览时，宁夏博物馆副研究员李鹏感慨道。

高星表示，“从水洞沟遗址发掘出土的石器、动物骨骼、火塘等遗迹、遗物，结合古环境研究成果，可以窥见‘水洞沟人’的生产生活场景和生活状况”。

水洞沟地处毛乌素沙地边缘，周边有沙漠、荒地、草原，同时，水洞沟处在黄河边上，这里有很多湖泊湿地，水资源、动植物资源相对丰富，古人类主要通过狩猎采集获取食物。“在发掘过程中，我们发现了很多破碎的哺乳动物骨骼，骨骼上有切割和敲骨吸髓的痕迹，可以判断这是古人类狩猎、肢解、敲击所产生，并且食用、利用了这些动物资源。从出土的尖状器、边削器、端刮器等石器的功能分析，可以推断出古人类猎杀、屠宰、肢解动物的行为，大量的火塘则说明古人类用火加工食物的行为。对植物资源的考古发现，在此地有二三十种可食性的植物食材。有证据表明，他们的工具上留下了加工动物或者植物的残留物。同时，因为这里有河流，有丰富的原始人类制作石器的原料。”高星说。

高星表示，“水洞沟人”在不同时期制作了不同技术特点的石器，水洞沟遗址第2地点的古人类为了更好地打制石器，用火来加热石器原料，使其更利于加工出锋利的边缘。除此之外，他们还利用鸵鸟蛋壳制作各种装饰品。通过一系列考古发掘可以看出，水洞沟遗址的古人类选择水洞沟湖泊连片、水草丰茂的地方作为栖身之所。在第2地点和其他地点发现了密集分布的火塘，这表明“水洞沟人”已经开始集中、聚落式居住。“水洞沟人”在用火等方面是“非常出彩”的，比如将石头用火烧烤后制作出规整的锋利石器，这是用火来改造原料的一个发明，后期人类制作陶器、金属器物都是对这种技术的延续。

此外，在距今1.2万年左右，“水洞沟人”发明了特殊的用火方式——石煮法，就是将石头烧热后放入水中，达到将水中食物煮熟的目的。“他们在这里制作石器、猎捕动物、采集植物，熟练掌握了用火技能，并开始产生原始的审美观念。”高星说。

水洞沟遗址发掘过程中，在好几个遗址区还发现了鸵鸟蛋皮制作的装饰品，制作精美，能看出很多都是先打出毛坯，然后把边缘磨圆。高星说，虽然在磨圆的过程中没有那么精细，因为有一些做坏的废品和半成品，但可以看出这些装饰品的制作过程，蛋皮中间会穿孔，还会用磁铁矿物粉染色。

“这表明古人类的一种审美，还有对身份族群的认知。”高星认为，这或许就是某个族群特有的标志，这个文化符号元素的出现，是人类对社会关系的稳定或更加复杂的社会关系的一种处理方式，这是非常重要的一个发展阶段。

四、研无止境，期待发现人类化石

“水洞沟人”到底是什么人？是我们本土的人，还是混血，甚或是由外来人群迁徙而来共同演化成我们今天的人类？他们从哪里来，后来又去了哪里？高星表示，这些可以称得上“未解之谜”的重大问题，都有待未来发掘、研究，从而阐释这些问题。

“水洞沟是一个遗址群，目前，我们发掘的面积非常有限，地点也非常有限，都是在一些沟隘的边边角角做一种抢救性发掘。因为这些位置若不发掘，它就会坍塌毁坏。”高星说，之所以不大面积挖掘，一方面是要把更多的遗产保存下来，留给后代学者进行发掘研究。因为到那个时候他们会有更好的科技手段和研究能力。另一方面，当前力量有限，虽然每次相对来说队伍比较大，但因为这种精细的发掘，进展非常缓慢，假如发掘面积很大，根本做不过来。留下大量空间，也是为未来的发掘研究奠定基础。此外，目前还有很多问题没有解决。比如人类在水洞沟生存演化的许多细节没有被捕捉到，在不同部位、不同地层里可能还会保留一些不同时段人类活动的细节。

“当时的人因为不定居，所以他们的遗物遗迹会以分散的方式来分布，那么我们发掘的面积越大，可能得到的材料和信息越多，会把一些悬而未决的问题解决了。”高星表示，这个“悬而未决”的问题，就是迄今为止在水洞沟还没有发现人类化石。

高星告诉记者，虽然在发掘第一地点、修路的过程中发现过一块人的头骨片，但不是正式发掘出来的。由于时代不是很清楚，再加上这块头骨片比较小，不能对它的形态，包括遗传信息很好地提取和分析，所以未来假如能够在不同的时代地层里找到人类化石，对他们的形态进行研究，对遗传信息进行提取和分析，那么就可以明确，“水洞沟人”到底是什么人，他们从哪里来，后来又去了哪里。

21 世纪以来，水洞沟的考古发掘一直由高星主持。水洞沟是他回国后选择的第一个主动发掘的遗址，也是他培养学生最主要的野外课堂。2002 年至 2003 年，高星带领团队先后两次在灵武边沟河流域及彭阳地区开展考古调查，新发现 20 处旧石器时代地点。此后，高星多次带领团队走进水洞沟遗址进行发掘。

“学无止境，研无止境，我们会继续发掘研究。在新的百年起点上，水洞沟遗址将继续在科学研究、人才培养、文旅融合等方面发光发热，为中国旧石器考古学的不断前进贡献力量。”高星说。

（记者王刚，实习生李卉，原载于《宁夏日报》2023 年 8 月 8 日第 5 版）

安澜黄河，水往“高处”流

——探寻黄河流域生态保护和高质量发展先行区建设的水密码

从古至今，黄河治理都是安民兴邦的一件大事。“让黄河成为造福人民的幸福河”，千秋大计，习近平总书记念兹在兹。他的足迹遍及黄河两岸，考察黄河生态，思考黄河治理，系统擘画治水兴水的科学蓝图。

黄河在宁夏流经 397 公里，宁夏是全国唯一全境属于黄河流域的省区。

党的十八大以来，习近平总书记两次视察宁夏，都对加强黄河保护，促进黄河流域生态保护和高质量发展作出重要指示。

寒来暑往，时节交替，新时代的黄河故事仍在流淌绵延、生生不息。近日，记者来到黄河吴忠滨河大道古城湾砌护段、稻渔空间乡村生态观光园，沿着总书记的足迹，以“四水四定”为切口，聆听黄河的伟岸与激荡，探寻黄河流域生态保护和高质量发展先行区建设的水密码。

黄河吴忠段变得更加温顺

黄河穿吴忠市而过，到达古城湾、罗家湖、梅家湾、细腰子坝险工段时，由东西流向急转为南北流向，形成横河。由于河道干流形成较大弯道，一旦洪水来袭，堤坝决口，洪水会直扑吴忠市区。明代因“故城为河水崩陷”“城湮于河水”等原因，使灵州城三迁新址。

黄河金岸，草木葳蕤，绿树成荫，呈现出一幅美丽和谐的生态画

2009 年至 2018 年，经过河道堤防、河道控导、滩区治理、城市防洪等重点工程建设，吴忠市洪水防御体系变得更加牢靠。

习近平总书记强调："要把保障黄河长治久安作为重中之重"。"2022 年 1 月，吴忠市组织外移黄河吴忠柳溪湖围堤，规划对黄河右岸吴忠城市过境段进行提升改造，持续加强黄河两岸堤防建设、注重河道整治，拓宽黄河吴忠城市段河道行洪断面。" 7 月 17 日，吴忠市水务局相关负责人说，黄河在吴忠段变得更加温顺。

黄河宁，天下平。将世界上水情最复杂、最难治理的河流打造成幸福河，保障安澜是底线。

宁夏跳出一隅观全局，站位流域看宁夏，潜心打造黄河流域生态保护和高质量发展先行区的"河底基岩"。416 公里的标准化堤防和 1400 余道加固垛坝成为守护宁夏经济核心带的坚韧"脉骨"；六盘山地区 2451 公里的治理河段"驯化”了111条河流，撑起乡村振兴和全面小康之路的“脊梁”；贺兰山东麓集“导、拦、滞、泄”为一体的防洪工程体系为“紫色梦想”打消了后顾之忧。3年来，宁夏有效应对了400场次洪水过程，实现堤防无一决口、水库无一垮坝、群众无一伤亡。

自治区将黑山峡水利枢纽工程列为先行区建设“十大工程项目”首位，目前工程前期工作正式入轨上道，完成历时8年的四项专题论证，全面启动可行性研究工作，迈出具有里程碑意义的关键一步。黄河宁夏段河道治理工程可研报告已通过水利部审查报国家发展改革委审批，立项前置要件全部办结，中国国际工程咨询公司于7月10日至12日来宁开展评估，工程立项审批工作全面启动。工程主要建设内容包括堤防加固、河道整治、滩区治理、信息化建设等，与会专家一致认为实施黄河宁夏段河道治理工程是落实习近平总书记视察宁夏重要讲话精神的具体行动，也是完善流域防洪减灾体系的重要举措。

水资源集约节约高效利用

盛夏时节，贺兰县四十里店村的稻渔空间乡村生态观光园，2600多亩以稻为“墨”画出的巨幅画卷美不胜收，客人在稻田里捉鱼捕鸭，欢闹声响彻云间。

2020年6月，习近平总书记在稻渔空间乡村生态观光园考察时强调，发展现代特色农业和文化旅游业，必须贯彻以人民为中心的发展思想，突出农民主体地位，把保障农民利益放在第一位。要探索建立更加有效、更加长效的利益联结机制，确保乡亲们持续获益。要注意解决好稻水矛盾，采用节水技术，积极发展节水型、高附加值的种养业，保护好黄河水资源。

稻渔空间乡村生态观光园负责人赵凯牢记习近平总书记的殷切嘱托，水资源循环集约利用，完成了从传统种植到稻、鱼、蟹、鸭立体种养，再到一二三产业融合发展的转型升级，获得了生态改善、产业提质、节水增效、农民增收等多重效益。

黄河流经宁夏4市10个县（市、区），沿黄两岸聚集着全区66%的人口、80%的城镇，创造了90%的经济总量、94%的财政收入，生产了77%的粮食，可以说，宁夏经济的实质就是黄河经济。

“有多少汤泡多少馍”。遵循习近平总书记的重要指示，近年来，宁夏在促进水资源集约节约高效利用上出新招求变、出实招求效，推动黄河流域生态保护和高质量发展先行区建设：全方位贯彻“四水四定”原则，以刚性约束倒逼经济发展方式转变，节水控水深入推进。出台“十四五”用水权管控指标方案、地下水管控指标方案，实施深度节水控水实施方案、取水总量、用水效率、水位多向管控；全面推进用水权改革，市场和政府“两手发力”引导水资源向“高处”流；水资源监控实施方案、河湖复苏实施方案先后出台，制定了清水河等重点河湖生态水量保障方案，刚性约束制度体系日趋完善。建设百万亩深度节水示范区、百万亩高效节水示范区、百万亩高效补灌示范区“三个百万亩”高效节水农业工程。推广工业水循环利用等节水技术，大力推进城镇节水普及。

正值夏灌高峰，青铜峡瞿靖镇灌溉服务专业合作社负责人黄自国，对每一滴水都精打细算。实际上，该灌域处于唐徕渠、西干渠、大清渠、汉延渠四大干渠中上游，以前大水漫灌，谁家想灌，渠口一豁就能淌水，灌完了纵水入沟。“水指标已到户，水资源、土地资源太珍贵了，要靠集体的力量，才能种好地，多增效。”黄自国告诉记者，从去年开始，村里土地流转率上升到 70% 后，各类作物实现了精细化管理，灌水成功实现了“一把锹”专人淌水，统一标准、统一管理。

土地集约、水资源节约后，瞿靖镇土地流转费、温棚承包费一年内每亩涨了 300 元。“北支渠 3420 亩地节约了 50 万立方米水，由青铜峡市收储流转给红寺堡区，126450 元的交易费，4 村 500 多户节水户都受益。”黄自国说。

如今，全区高效节灌面积达到 50%，农业用水占比较最高年份下降 10 个百分点。宁夏引黄灌区松散的、经验式的漫灌方式退出历史舞台。

在工业领域，部分工业用水户退出“闲置”水指标，开始逐步从“多占多用”向“产水适配”转变，尤其能源、化工、建材等高耗水产业，在应用节水技术装备、实施用水计量和节水技术改造上不惜投入、不遗余力。

宁夏各行各业深入开展节水控水行动，两个大型灌区被推选为“全国灌区水效领跑者”，5 市全部达到国家节水型城市标准，银川、盐池、中宁等 6 个市县入选全国再生水利用试点、公共供水管网漏损治理重点城市，节水型公共机构达到 90%，节水型高校达到 40%。宁夏大学高效节灌技术“出海”阿拉伯国家，走上2022年卡塔尔世界杯的舞台。2022年，全区万元GDP用水量、万元工业增加值用水量分别比2020年下降15.2%、12.2%。

地表水环境质量持续改善

炎炎夏日，吴忠市古城湾人工湿地却是个清凉的所在——大片黄菖蒲绿叶如剑，插在池中，密密匝匝；水葱细长的身体，擎着点点花朵，几声蟾叫、鸟鸣划过，十分幽静。

古城湾人工湿地是吴忠市第一污水处理厂尾水的水质提升工程，2020年6月底工程竣工投入试运行。“整个湿地占地240亩，填充了河卵石、砾石、火山岩等物料，种植了黄菖蒲、香蒲、千屈菜、水葱等水生植物，模拟自然的平衡，利用自然的力量，消解人类排入大自然的污染物。”湿地负责人申骞说，这些植物在一吐一纳之间，“洗净”了60%的污染物，让水质悄然发生变化，达标后排入黄河或循环再利用。整个湿地每天处理6万立方米污水，年可消减污染物520吨。

目前，全区有48个人工湿地驻守在污水处理厂末端及入黄排水沟适宜地段，持续改善地表水环境质量。

习近平总书记指出，“治理黄河，重在保护，要在治理”，强调“共同抓好大保护，协同推进大治理”。先行区建设任重道远，宁夏率先建立“河长+检察长+警长”工作机制，河湖“四乱”问题实现动态清零。2023年1—5月，“十四五”国家地表水考核的20个断面水质同比总体稳定，III类及以上水质优良比例为90%，劣V类比例为零，黄河干流宁夏段水质优良稳定在II类进II类出，自2017年以来连续6年保持II类进II类出，创有监测数据以来历史最好成绩。

保卫绿色，就是保护“丰景”。生态极度脆弱的宁夏，牢固树立绿水青山就是金山银山的理念，因地制宜推进山水林田湖草沙系统治理。目前，全区水土流失治理程度达63%，连续保持治理面积和强度双下降态势，年入黄泥沙减少到2000吨，也为水土流失区群众大力发展草畜产业、生态旅游、林下经济、庭院经济等特色产业提供了广阔空间——在打造青山绿水中，西吉县吉强镇龙王坝村让小山村走出了一条“农村变景区、民房变客房、产品变商品”的乡村旅游新模式，成为中国最美休闲乡村、全国生态文化村、中国最美乡村游模范村；彭阳县、海原县、隆德县、泾源县厚植“绿色”，观花赏景，养蜂种果，生态产业链越来越长；就连沙漠里天上的星星也能变成“金子”，贺兰山修复的矿坑也能成为“聚宝盆”。

一条绿色环保的生态河，正在成为撬动全面建设社会主义现代化美丽新宁夏的新动力。

（记者裴云云，原载于《宁夏日报》2023 年 7 月 19 日第 1、3 版）

延伸阅读

荒漠“绿岛”罗山

夏日的罗山，山峦叠翠，青海云杉盎然地生长着，山花盛开，鸟鸣入耳。山上白天的温度在 25℃左右，风是清爽的，面对繁密的树荫，这里的日头也变得温煦了。

罗山林场是宁夏的省级林场，处于罗山国家级自然保护区内，重点保护以青海云杉、油松为代表的荒漠区域典型森林生态系统。

罗山国家级自然保护区总面积 33710 公顷，最高海拔 2624.5 米，森林覆盖率为 20%，林草综合覆盖度在 70% 以上。目前，保护区有野生维管植物 418 种、苔藓植物 41 种、大型真菌 74 种，野生脊椎动物 221 种、无脊椎动物 1008 种。其中，有金雕、猎隼、荒漠猫等国家Ⅰ级重点保护动物 8 种，鹅喉羚、豹猫等国家Ⅱ级重点保护动物 38 种。

作为宁夏中部的地理“屋脊”和自然生态“屋脊”，罗山国家级自然保护区可谓一道绿色天然屏障，它有效阻滞毛乌素沙地南侵，有力遏制了周边土地沙漠化和荒漠化进程，发挥着显著的涵养水源、防风防沙、维护生物多样性等功能，为周边地区经济社会发展提供有效的生态庇护，故有“瀚海明珠”“荒漠翡翠”之美誉。

绿染罗山

20年巨变

罗山国家级自然保护区管理局宣传科科长杨晓东接待了我们的采访。从基层管理站干起，到如今在机关做宣传工作，杨晓东在保护区工作已有11年。

据杨晓东介绍，罗山国家级自然保护区主要保护以青海云杉、油松等为建群种的森林生态系统、荒漠草原生态系统，以及金雕、鹅喉羚等珍稀野生动植物资源。罗山植被类型主要分为荒漠草原、灌木林、针阔混交林、青海云杉林。

“罗山国家级自然保护区按照自然恢复为主、人工促进治理为辅的方针，通过荒漠草原生态修复、封山育林、侵蚀沟道治理、野生动植物资源保护等措施，全面加强生态保护修复，有效提升水源涵养能力、水土保持能力和防风固沙效果。”杨晓东说。

2003年5月1日，宁夏在全境实行封山禁牧，成为全国首个实行全境封山禁牧的省区。20年中，罗山发生着可喜的生态变化。

“生态变化是一个漫长的、不易察觉的过程。首先现在人们的生态环保意识增强了。刚开始还有偷牧、盗猎的现象，当地人觉得‘靠山吃山’是理所当然的，现在这种现象基本没有了。”让杨晓东记忆深刻的还有，与他刚到罗山相比，灰榆、山杨、栒子、蒙古扁桃、蔷薇等乔灌大面积沿着沟道不断向下生长蔓延。有一条沟道以丁香树为主，春季在那里可以见到丁香花海的场面。

生态的改善让罗山在涵养水源、保持水土、改善区域小气候等方面的能力大大加强。刚来罗山时，杨晓东曾看到大雨后从罗山上冲下的山洪，“近10年已经非常罕见了”。经过对保护区的几次科研调查，结果显示罗山的林线已经从海拔2000多米下移至海拔1800米左右，保护区内的动植物不论从种类、种群、分布范围都大大增加。

“罗山生态的好转、林区面积的增加都受益于国家和自治区颁布实施的有关生态保护政策、法规。”杨晓东介绍，以前保护区在巡护上以人工为主，现在建成了信息化监测管理系统，实现了多光谱的检测手段，在森林草原防火、资源管护、科研监测等方面发挥作用，并覆盖了罗山的大部分区域，“可以说，‘智慧罗山’就在眼前。”

一定要小心保护好它们

罗山最高峰是好汉峰，那里有一处护林点。在杨晓东的带领下，我们驾车驶向那里。一路从低向高，走了近20公里的路程后，我们到达了峰顶。

好汉峰护林点是一排有3间房的平房，房后有几棵云杉树，房前是一片绒毯般的高山草甸。站在房前可以俯瞰罗山翠绿的山体慢慢没入远处的黄色大地。

还有4年就退休的张占军是护林点的工作人员，他在罗山的护林点已经工作40多年。

平日，张占军的工作是巡护自己的责任区。每天行走在草丛密林之中，他要巡视有无火情、林木的生长、病虫害情况、做好巡护记录并上报。

护林员在山上往往一值守就是半个月、20天，工作生活都是“一人行”，张占军早已习惯了这样的孤独，对他来说，最难过的其实是秋季到春节的重要防火期，“那时总是紧绷神经，夜里不到十一二点从不睡觉。巡护的时间、路程都大大增加，因为这时林木干燥，小小的一点火星就能引发山火，一旦着起来很难扑救。”张占军说他年轻时看到的那些云杉，到现在还是那么粗，好像没有太大的变化，“树干直径三四十厘米的树其实已经长了几百年，长成这片林子太不容易了！一定要小心保护好它们。”

杨晓东向我们提供了一组数据：罗山森林年涵养水源1138.27万立方米，年保持水土269.2万吨，年固碳0.97万吨，年释氧1.62万吨，年生产负氧离子2.50×10^{22}个，年吸收二氧化硫1184.78吨，年吸收氟化物48.97吨，年吸收氮氧化物46.05吨，年滞尘30万吨。“在不了解林草工作的普通人看来，被保护起来的罗山，好像没有产生什么直观的效益，但通过这些数据不难看出，罗山林草资源除了生态效益外，还可以提供显著的社会效益和经济效益，‘绿水青山’是保护经济社会发展的潜力和后劲。”杨晓东说。

在这片土黄色的宁夏中部干旱带，罗山的那一簇绿总会显得格外耀眼，那是生命的倔强，是几代“罗山人”建设和保护的成果，也是人与自然和谐相处的最好证明。

现今的罗山也“染绿”了周边的大地。生活在罗山脚下的人们，背倚青山，勤劳耕耘，让这片曾经的不毛之地不断焕发出巨大的生机与潜能。

（作者钟培源，原载于《宁夏画报》2023年第6期）

宁夏：云上交通，智享未来

党的二十大报告提出，十年来，我国建成世界最大的高速铁路网、高速公路网，机场港口、水利、能源、信息等基础设施建设取得重大成就。

交通物理设施不断完善，让交通系统“肌肉”更强健，百姓出行有了更坚实的依托。而数字技术与交通融合产生的化学反应，则让交通系统“大脑”更智能，百姓能更便捷地享受出行服务。《数字交通“十四五”发展规划》就明确提出，交通要全方位向“数”融合，为我国交通运输行业发展指明了方向。

如今，经过几年的信息化建设，数字交通在宁夏逐渐成为新的出行趋势。

宁夏蹚出智慧化的新路

360 度数字视频回传、全程流量监控、智能交通疏导、“AI 数据调度”……这些在宁夏首条 5G 高速公路——京藏高速公路银川河东国际机场至银川市区段均可实现。当你坐在车里享受 5G 上网冲浪的乐趣时，你乘坐车辆的实时数据已传回智慧交通大数据平台。当你在高速公路车辆发生故障，远在几百公里的“高速大脑”就能迅速反应，当驶出高速公路时，有可能是无人值守岗亭……

宁夏的高速公路有多智能？记者跟随一名常年往返于甘肃、宁夏两地的货车司机马祥实地探访。

在京藏高速公路上，夜色渐浓，在经过滚泉坡时，黄色灯在路两边闪烁，每隔几米就有一盏，还会有“请减速慢行”的提示语。马祥说，在上下大坡上，随处可见提醒标志，特别是分合流等关键区域，“我跑夜路多，瞧见这类标志，就格外注意，小心驾驶。”

“为保障车辆全天候安全通行，我们在区内高速公路隧道入口及京藏、泾华、青兰、福银高速公路大下坡路段、事故多发路段、团雾路段安装了智能雾灯诱导系统。同时，还配有提醒标志，让出行更安全、行驶更顺畅。”宁夏交投高速公路管理有限公司总经理缑永涛说。

驶离雾灯区，向前行驶不久，只见一辆汽车开着双闪，停靠在应急车道。“估计是故障车。”马祥回忆，“有一次，我的车突然在路上抛锚。一键报警后，不到10分钟，相关工作人员就赶到了现场。”

“当有车辆出现故障时，高速公路路网应急指挥中心第一时间就能确定车的具体位置并发出提示，我们会根据事故等级，及时采取相应措施。”缑永涛介绍。

高速公路路网应急指挥中心作为全区高速公路的“大脑”，与全区几千套智能设备相连接，可以对高速公路上的各类突发状况迅速作出反应，及时对接交管部门，并自动通过广播、导航、可变信息标志等，提醒其他过往车辆，防止出现二次事故。

“一年多来，我们不断升级路网应急指挥中心平台，提升了平台对交通事故的感知速度和精度。目前，高速事故平均处置时长由原来的半个多小时降低为19分钟。”缑永涛自豪地说。

“还有一段更牛的路，我带你跑跑！”马祥兴致勃勃地告诉记者，“你的手机是5G的吧？”

跑高速公路跟5G又有什么关系呢？带着疑问，我们继续向前跑。刚到河东机场，马祥的5G手机信号就自动联网，并接收到前方车流量大的信息。据介绍，在这条高速公路两侧，每公里都将布设视频监控摄像机和毫米波雷达，作为高速公路的“慧眼”，不仅会时刻感知车流、车速，敏锐捕捉一切异常，还将把信息源源不断发回后台，实时分析道路运行状况。

鉴于5G公路网络的强大数据搜集和实时回传的能力，后方平台根据前方大数据系统快速精准测算路径和行程，帮助司乘人员精准规划路径，推荐最优线路。还通过天线、位置、牌识、图片等多流水数据融合，从时间、空间、图像多维度还原车辆实际行驶轨迹，确保自由流计费的公平公正。

“依托5G技术，通过对所有通行车辆的通行特征、行驶行为进行360度画像，实现对在途车辆全方位多角度监控。”缑永涛介绍，利用人工智能、大数据分析技术对全区收费站出入口流量、ETC 门架断面流量、行驶时间、速度等数据进行分析，结合历史数据对重点监测路段未来 30 分钟、60 分钟等不同时段的道路信息、拥堵等情况进行预测。通过道路上的彩色智能情报板、定向区域车辆发送多媒体短信、无人值守车道、智慧锥桶等方式，指导在途车辆提前合理选择行驶路径。

不觉间，货车驶离京藏高速公路，从银川东收费站 ETC 车道下高速。看一眼窗外，月色溶溶，灯光熠熠，马祥瞄了一眼仪表盘，“看，还不到 8 点半呢。路更好走了，心里也更踏实了。”

大数据里的出行守护

“目前京藏高速公路银川南收费站车流量较大，建议走西线高速公路或从贺兰山路收费站驶入。”

“收到，辛苦！周末出行车流量较多。”

7 月 14 日 19 时 20 分，张兆辉将最新路况发送到宁夏高速公路小程序，几分钟后全区高速公路的指示牌均已显示。

张兆辉所在的工作单位是两年前成立的宁夏交投高速公路路网应急指挥中心，主要负责高速公路路网运行监测、应急指挥调度和公众服务。

走进高速公路路网应急指挥中心，一块偌大的电子屏映入眼帘。画面切换到银川南环收费站主站外广场，接踵而至的车辆已排成长龙。随着经济的快速发展，货运车辆以及银川与宁东的连接越来越密切，银川南环收费站车流量居高不下。作为值班工作人员，张兆辉正聚精会神地坐在电脑前，利用应急指挥中心的大屏查看路网运行情况。屏幕上，全区高速公路各点位的实时情况不断轮换，全路段路面状况、车流变化、天气条件、异常情况“一网看尽”。“发现异常后，我们会及时通知一线进行处理。”张兆辉介绍。

记者在大屏上看到，全区 2078 公里高速路一览无余，99 个高速收费站运行情况、出入宁夏的车辆主要来源，以及高速上奔驰的客货车数量等各类交通数据都在宁夏高速公路路网屏幕等交通数据精准呈现。如果有路段出现拥堵，

“最强大脑”还会通过算法给出保畅措施建议，辅助缓解拥堵情况。大屏上还可看到收费站现场视频和通行车流信息，促进高速公路保畅通。平台包含路网运行监测系统、路网环境监测系统、设备运行监测系统、清障救援系统、应急指挥调度系统、信息上报系统、信息发布系统、客服系统等11个子系统。

说话间，工作人员把鼠标点到子栏目“宁夏高速公路视频联网云平台”，让记者更为直观地感受平台功能的强大。只见蓝色的底纹上，一个个跳动的数据随时变化。原来，这就是宁夏高速公路的视频云智能监测。通过视频监测技术，发挥云平台在路网监测中的作用，对全区43个视频上云汇聚点，高速公路现有的路段、隧道、收费站1144路视频监控摄像机数据进行分析。利用宁夏路网运行监测历史数据分析，能够对拥堵、交通事故、逆行、停车等智能分析报警，第一时间进行相应处置。“每日检测交通事件130起，成功率达到90%以上。”

同时，这个系统还能精准协同治理非法违规运营车辆。路网应急指挥中心与交通执法部门联合，利用信息化手段，筛查车辆通行信息，实现非法违规运营治理由线下巡查转向线上线下精准化查控。“截至去年底，已经查处非法违规运营车辆2301辆。”“还是智能化好，相信宁夏高速公路监测水平会越来越高。”张兆辉对未来信心十足。

数字交通“云上走” 百姓出行更便捷

手机点一点，就能解决上下班通勤难题；眼睛眨一眨，就能办好百余项政务服务；鼠标动一动，就能享受快捷的便民服务。道路出现停车、行人、拥堵、交通事故等异常事件时，交通系统“大脑”就会向监控中心发出警报，监控大屏会弹出异常区域视频画面，画面中的异常个体由“光标”在画面中进行标记跟踪。

推动大数据、互联网、人工智能、区块链、超级计算等新技术与交通行业深度融合，是《交通强国建设纲要》中发展智慧交通的重要内容。

当算力与交通相结合，会有怎样的神奇？它将实现服务流程再造，完全无纸化，彻底网络化，推动业务办理、网上缴款、寄递交付一体化；它将及时提供信息服务，举凡路况、危险路段、道路施工、恶劣天气等信息，都可以随时了解、动态掌握；它将满足差别化的个性需求，针对不同年龄阶段、不同文化层次、不同习惯偏好、不同生活环境群体，手机 APP、短信、语音电话等服务方式，总有一款适合你……科技赋能，美好出行。近年来，人们越来越深刻地感受到智慧交通带来的方便和快捷。

（一）更智能，交通基础设施智能化升级

“兜儿里不带钱，揣着手机走世界”如今成了大家的标配。穿梭在城市里，智慧交通时刻伴随着我们。“最近的公交车到站还有 3 站，走过去还来得及。”7 月 12 日上午，准备在国际会展中心站点搭乘 108 路公交车的市民李伟打开了手机，实时查询车辆的具体位置及到站时间。他说：“以前搭乘公交车，不管刮风下雨，还是数九寒天，都得早早到站台等车，生怕错过了最近的一班车。现在，出门前用手机查一下车到哪儿了，啥时候能进站，车快到了再到站台就行。”

把信息孤岛连成一片陆地，连接的是数据，方便的是民生。隆德县从 2019 年起推出“互联网 + 出行”的“全微通”。目前，99 个行政村全部上线开通，解决“路通无车跑、人等车不来、车等不见人”的烦恼，让老百姓实现“一机在手、出行不愁，一键下单、在家等候”的出行。

“我们有 5 个人要到隆德县城，请问啥时候能坐上车？”8 时许，隆德县温堡乡杨堡村村民杨鑫对着屋檐下的“全微通”摄像头喊话。“有一辆 7 座商务车，大约 10 分钟后到达。”监控设备那头有人回复道。10 分钟后，一辆商务车驶入村委会大院。

目前，全区二级以上汽车客运站实行了实名制联网售票，5 个地级市城区及灵武市、平罗县、青铜峡市实现城市公交“一卡通”与全国互联互通，所有市县均实现城市公交车非现金支付功能。全区高速公路 ETC 全覆盖，与全国联网运行。

（二）更高效，运行管控模式智慧升级

数据是数字交通发展的核心驱动力之一，也是智慧交通发展的关键要素，要让数据资源在综合交通运输体系中发挥“大脑”作用。

《数字交通“十四五”发展规划》提出，到 2025 年要基本建成“一脑、五网、两体系”的数字交通发展格局。其中首要任务就是要完善部、省两级综合交通运输信息平台架构，推进综合交通大数据体系建设，加强数据资源的整合共享、综合开发和智能应用，打造综合交通运输“数据大脑”。

“驾驶员请注意，您驾驶的车辆已超速，请立即减速！”7月14日16时许，宁夏安泰恒荣化工有限公司值班人员王春梅坐在电脑显示屏前，通过语音播报系统向正在行驶的危化品运输车辆押运员发出预警。此时，公司监控平台上的超速红色预警信号在不停闪烁。话音刚落，监控平台上的红色预警信号随即消失。

近年来，自治区交通运输厅打造“一云、一中心、一窗口、六平台”的宁夏交通运输大数据中心。“目前，已接入13家单位49个信息化系统数据资源，约4.1亿条数据。”自治区交通运输厅科技处相关负责人介绍，不仅仅是“两客一危”的监管，还有全区“治超联网”和“非现场执法试点”项目应用智能感知设施，通过信息化手段为宁夏超限超载非现场执法工作提供了实时监管信息。

自治区交通运输厅相关负责人说，借助信息化技术，打通人、车、路、网的数字闭环，提升基础设施数字化，构建数字交通新场景，打造综合交通“数据大脑”，实现跨部门、跨行业、跨地区的信息资源交换与共享。

（记者赵磊，实习生刘卓敏，原载于《宁夏日报》2023年7月25日第4版，标题有改动）

宁夏科技创新从跟跑并跑到部分领域领跑

科技成就发展，创新孕育动能。

2016年7月，习近平总书记在宁夏视察时强调，越是欠发达地区，越需要实施创新驱动发展战略。欠发达地区可以通过东西部联动和对口支援等机制来增加科技创新力量，以创新的思维和坚定的信心探索创新驱动发展新路。

7年来，沿着总书记指出的创新之路，宁夏步履铿锵、姿态昂扬，以科技创新赋能高质量发展，推动各项事业取得新成绩、迈上新台阶。

自治区第十三次党代会提出，要突出创新的核心地位，着眼“四个面向”战略导向，加大创新特别是高科技创新力度，打造区域有影响力的科技创新高地。

翻看宁夏近年来的科技创新成绩单，一个个变化的数字勾勒出上扬的曲线，记录着聚力前行的脚步：

5年来，宁夏综合科技创新水平指数从2017年的46.24%提升到2022年的61.4%，全国科技创新排名上升到第18位，迈入了全国二类创新地区；2017年至2021年，全社会R&D经费投入从38.94亿元增长到70.44亿元，年均增速达到16%，比全国同期年均增速高3.75个百分点；R&D投入强度从1.22%增长到1.56%，增幅连年上升……

数字无言，变化无限。

近年来，宁夏深入贯彻落实习近平总书记视察宁夏重要讲话指示批示精神，深入实施创新驱动战略，全力打造科技创新高地，高水平建设全国东西部科技合作引领区，推动科技创新事业取得新成绩，让创新成为发展的重要底色。

厚植沃土“种”创新

盛夏时节，永宁县杨和镇王太堡农作物基地的试验田水稻长势良好，再过几天，水稻将进入抽穗期，迎来生长周期的重要环节。“这是自治区新一轮‘水稻新品种选育’项目的首批试验稻，待下半年成熟后，我们科研团队将开启新的技术攻关。”宁夏农林科学院成果处处长刘炜介绍，近年来，在自治区育种专项政策支持下，宁夏农林科学院在水稻育种方面大力创新，取得了亮眼成果。截至目前，水稻育种审定新品种24个，育成的宁粳48号亩产835.9公斤，刷新了宁夏旱直播水稻高产纪录。

“好政策是创新的基础，不仅能在机制、资金方面提供支撑，更能通过政策活力激发创新动能，引导科技工作者投身创新创造。”宁夏农林科学院动物科学研究所所长梁小军说。

按照习近平总书记“以创新的思维和坚定的信心探索创新驱动发展新路”的重要指示要求，宁夏持续优化政策，厚植创新土壤：出台《自治区科技体制改革三年攻坚方案》《关于深化自治区项目评审、人才评价、机构评估改革的实施意见》等政策措施，全方位全领域推进科技体制机制改革。建立科技项目“前引导+后支持”的支持机制和“两头严、中间松”的管理机制，推行重大科技项目“揭榜挂帅”“赛马制”和科研资金“包干制”，全流程、全要素推进“放管服”改革，有效激发科技人员积极性。

一粒粒创新的“种子”破土而出、蓬勃生长，一项项创新成果在体制机制的不断完善下接续呈现：宁夏坚持不懈布局建设科技创新平台，自治区级以上重点实验室、自治区级以上工程技术研究中心、自治区临床医学研究中心、自治区技术创新中心分别达到44家、95家、29家、563家，累计培育认定自治区科普基地94家，建设智慧科普校园10个。

搭建桥梁“育”创新

这是一句时代之问：不沿边、不靠海的宁夏，如何在发展浪潮中找到自身路径？

这是一句时代答案：欠发达地区可以通过东西部联动和对口支援等机制来增加科技创新力量，以创新的思维和坚定的信心探索创新驱动发展新路。

从东部到西部，一架无形的桥梁从此搭建，承载着宁夏对外学习的热忱和向内发展的坚定。

这条由总书记指出的合作之路，让以生产高铁枕梁著称于业内的宁夏维尔铸造有限责任公司，在“走出去”的道路上实现了扬帆远航。

“宁夏的区位环境，决定了与相关市场距离相对较远，这是我们面临的劣势。但我们可以通过科技创新弥补劣势、掌握核心科技，在市场上赢得绝对竞争力，让企业实现长足发展。”宁夏维尔铸造有限责任公司董事王小宁说。

科技创新，人才为本。如何用好东西部科技创新机制，发挥“引才”和“引智”作用，为创新争取更大空间和成果？

几番探索后，维尔铸造在聚力创新的基础上，借助东西部科技合作渠道主动“走出去”，与国内高校、科研院所和知名企业对接，先后与上海交通大学、北京交通大学、沈阳工业大学、上汽集团、中车集团、瑞典 ABB 公司等建立紧密的科技合作关系、积极构建创新联合体，联合建立“宁夏铝镁合金铸造精密成型技术”工程研究中心、“宁夏中国标准动车组关键零部件”工程技术研究中心等科技创新平台，以委托研发、共同研发等形式开发代表市场发展方向和领先水平的新产品。

合作，在更广泛的领域持续深化；创新，以更丰富的形式推动发展。

2022 年，科技部批复支持宁夏建设全国首个东西部科技合作引领区，赋予宁夏科技创新工作新使命。截至目前，宁夏先后与全国 11 个省市、13 个高校院所建立了长期稳定的合作关系，带动全国 20 多个省（区、市）、736 家创新主体积极参与宁夏科技创新活动，累计实施 1500 余项东西部科技合作项目，联合共建 160 个科技创新平台、9 个园区，参与宁夏东西部科技合作的区外人才超过 9200 人，东西部科技合作深入推进。

硕果盈枝“映”创新

2022年，宁夏银利电气股份有限公司电气新能源车用磁性元件实现量产，成为比亚迪新能源车核心供货商。

“习近平总书记指出，越是欠发达地区，越需要实施创新驱动发展战略。宁夏的技术企业想要占领市场，就要啃下最硬的‘骨头’、突破核心科技掣肘，走在科技大潮的前沿。”宁夏银利电气股份有限公司总经理焦海波说。

从开展研发到首款新能源汽车用变压器产品在银川下线，不到一年的时间里，属于银利的梦想照进了现实。在这场争分夺秒的技术攻克战中，令人瞩目的“银利速度”，是宁夏创新能力极大增强、创新成果不断涌现的生动缩影。

一枝独秀不是春，百花齐放春满园。

近年来，宁夏围绕重点产业、重点领域等，依托高校、科研院所和企业，培育组建了一批国家和自治区科技创新平台。基本形成布局合理、管理科学、多元投入、开放共享、协同发展的科技创新平台发展体系。

截至目前，全区规上工业企业中有研发活动的企业占比达40.2%，高于全国平均水平1.9个百分点。全区国家级高新技术企业、自治区科技型中小企业分别达到489家、2178家，全区各类科技型企业超过2800家，年均增速超过30%。围绕重点领域、重点产业组建国家和自治区重点实验室、工程技术研究中心等各类科技创新平台735家。宁夏本土企业围绕“六新六特六优”等重点产业需求，产出了一批重大技术成果，有力支撑了经济社会高质量发展。2000万吨智能综采输送装备等一系列优秀科研成果在国家重大工程、重要领域和关键环节中，留下了“宁夏制造”的闪亮名片。

从“跟跑”到“并跑”，再到部分领域实现“领跑”，宁夏正聚力科技创新，奋力奔跑，不断“晒”出新的加速度。

（记者马越，原载于《宁夏日报》2023年7月19日第1、7版）

宁夏：农业产业振兴，“土特产”沃野生金

田间地头，葡萄树、冷凉蔬菜等各类作物长势喜人，硕果累累；现代化圈舍内，肉牛、滩羊撒欢，膘肥体壮……盛夏时节的宁夏大地，处处生机勃勃，满目翠绿。

2016 年 7 月 18 日至 20 日，习近平总书记视察宁夏时指出，发展产业是实现脱贫的根本之策。要因地制宜，把培育产业作为推动脱贫攻坚的根本出路。时隔 4 年，总书记再次视察宁夏时指出，要加快建立现代农业产业体系、生产体系、经营体系，让宁夏更多特色农产品走向市场。牢记总书记的嘱托，宁夏把产业发展作为巩固拓展脱贫攻坚成果同乡村振兴有效衔接的“重头戏”，依托农业农村特色资源，循着“六特”产业发展的路子，做足、做活、做精彩“土特产”文章，加快特色农业提质增效，有力推动农业产业高质量发展。

上下联动为产业发展提供“硬核支撑”

自治区第十三次党代会提出深入实施特色农业提质计划，大力发展葡萄酒、枸杞、牛奶、肉牛、滩羊、冷凉蔬菜“六特”产业。建立自治区省级领导包抓产业工作机制，每个产业由 2 到 3 名省级领导包抓，组建工作专班，集成技术力量，定期调度工作，强力推动产业发展。《支持“六特”产业高质量发展有关财政政策措施》《关于促进乡镇产业高质量发展的指导意见》《关于促进村

级产业高质量发展的指导意见》等产业扶持政策的出台，构筑起“六特”产业高质量发展的“四梁八柱”，从财政、金融、土地、人才、税收等方面，为特色产业发展提供政策保障、指路护航。2022年，财政投入“六特”产业相关资金达55.4亿元。

与此同时，自治区在政策集成、要素集聚、主体集中、创新集合上发力，构建层级分工衔接、定位明确互补、发展蓬勃有力的产业发展体系。打造以贺兰山东麓为重点的葡萄酒产业集群，以清水河流域为重点的枸杞产业集群，以银川和吴忠为核心、石嘴山和中卫为两翼的牛奶产业集群，以中南部地区为重点的肉牛产业集群，以中部干旱带为重点的滩羊产业集群，以六盘山区为重点的冷凉蔬菜产业集群，建设一批千亿元级农业特色产业集群。打破区域界限，挖掘资源特色，累计创建国家农业产业强镇16个、“一村一品”示范村镇79个，培育一批“千亩村”“万头乡”。

宁夏成为全国最大的酿酒葡萄集中连片产区，品牌价值320.2亿元，位列全国100个地理标志产品区域品牌榜第8位。中国（宁夏）国际葡萄酒文化旅游博览会、宁夏国家葡萄及葡萄酒产业开放发展综合试验区两个“国字号”平台落户宁夏。

枸杞品牌价值198.19亿元，居全国区域品牌百强榜第11位，枸杞及其制品主要销往50多个国家和地区，年均出口5000余吨，出口额6000万美元。

牛奶产业被农业农村部誉为全国奶业优质安全发展的一面旗帜，全区奶牛存栏增速连续4年居全国第一；年生鲜乳产量342.5万吨，位居全国第4位；成母牛单产达到9400公斤，高于全国平均水平200公斤。

打造全国优质肉牛良种繁育基地和高端牛肉生产基地。

“盐池滩羊肉”4次入选国宴，成为北京冬奥会指定食材，其品牌价值达106.82亿元，居2023年“中国区域品牌影响力百强榜”31位、畜牧类第二，是我国高端羊肉代表。

“宁夏菜心”成为全国优质蔬菜的代表和粤港澳大湾区市民的首选菜。

全区葡萄酒、枸杞、牛奶、肉牛、滩羊、冷凉蔬菜产业综合产值分别达到343亿元、300亿元、704亿元、431亿元、290亿元、352亿元，奶牛、肉牛、滩羊规模化养殖比例分别达到99%、48%和53%。累计创建国家优势特色产业集群 4 个、农业现代化示范区 4 个、现代农业产业园 5 个。

科技解锁产业高质量发展“密码”

在平吉堡第六奶牛场挤奶车间，奶牛排着队井然有序地进入转盘式挤奶台，每头牛对应一个挤奶位。验奶、消毒、上杯、挤奶、收杯、贮奶……整个过程仅用 8 分多钟。

指着挤奶台一处摄像头，奶牛场场长告诉记者，那是“牛脸识别”仪器，挤奶台的牛到达此处时，摄像头会对牛脸进行抓拍，获知该牛的编号，随后另一处摄像头对牛全身进行拍摄，对其进行体况评分，并通过红外线扫描，得知其体温。

乡村要振兴，产业需先行。产业兴旺是乡村振兴的重要基础，而产业的发展之“芯”，很大程度来自科技手段的高层级“进化”。

宁夏土地肥沃、物产丰富，素有“塞上江南”之称，光照强、温差大、积温高、灾害少、无污染，是全国重要的绿色优质高端农产品生产基地。在高质量发展的征程中，如何让资源优势转化为产业发展优势？如何让农民从土地上获得更多收益？立足破解这“两道考题”，自治区党委、政府牢记总书记嘱托，给出了属于自己的答卷——打好“科技牌”。

宁夏健全完善“揭榜挂帅”“赛马制”“院地（院企）联动”机制，强化东西部科技合作，加强关键核心技术攻关和先进适用科技成果转化，构建梯次分明、分工协作、适度竞争的农业科技创新体系。

在此基础上，充分发挥农业产业化龙头企业作用，加快推进农产品产地初加工和精深加工，大力推进葡萄酒、枸杞、乳制品、牛羊肉、预制菜等新产品、高端产品和高附加值产品研发生产，不断提高特色农产品加工增值能力。全区农产品加工企业总数达到 2361 家，其中自治区级以上龙头企业达到 385 家，农产品加工业产值与农业总产值的比达到 2∶1。

静电除杂、金属探测、人工拣选、紫外线杀菌、无菌净化包装……走进宁夏百瑞源枸杞股份有限公司枸杞 GMP 加工车间，10 多名工人在流水线上忙碌着。

指着眼前的生产线，百瑞源常务副总经理姚卫鹤告诉记者，从自然晾晒到全流程不落地模拟自然环境烘干，再到自主研发锁鲜枸杞工艺，百瑞源通过科技的应用让小小枸杞从“土特产”变身为高颜值、高身价的“大家闺秀”，1公斤枸杞干果卖到2000元至4000元。

如今，宁夏农业发展已从过去主要依靠增加资源要素投入转向依靠科技进步，走向高端化、差异化、特色化的科技创新之路，使众多绿色、有机、高质的特色产业组成宁夏现代农业的“全新矩阵”，地方土特产和小品种做成带动农民增收的大产业。

从“卖产品”到“品牌化经营”

品牌就是形象、就是价值、就是竞争力。只有形成品牌，特色农产品才能获得更高的效益。

在广东、香港等地的市场，普通菜心价格约8元/公斤，而“宁夏菜心”达40元/公斤，售价是普通农产品的几倍甚至十几倍。“宁字牌”农产品之所以售价高，主要高在“高端”和“特色”上。“高端”的核心是品质高；“特色”则主要反映在“人无我有”“人有我优”的品牌上。

2023年7月14日，看着一车满载菜心的货车远去的身影，宁夏鑫茂祥运输有限公司董事长刘代兵深有感触地说：“过去，由于小农户缺乏种植技术、品牌意识、资金等，大家的种养规模上不去，丰产却不丰收的情况每年都有，如今这种情况一去不复返了。宁夏农业如今做出自己的特色、打出自己的品牌，就有溢价的空间，不仅种得好，还能卖得好。”

近年来，宁夏大力实施质量兴农、品牌强农战略，扎实推进新“三品一标”建设，突出政府主打区域公用品牌，支持企业做强做亮企业品牌、产品品牌，加强农产品营销网络体系建设，把“原字号”“老字号”“宁字号”农产品打出去，努力实现从“卖产品”到“品牌化经营”。

每年培育6到8个区域公用品牌、60个优秀企业品牌和产品品牌，充分发挥宁夏农村电商综合服务等平台作用，持续开展“宁夏品质中国行”“全国知名经销商走进宁夏”等推介活动，进一步做亮创响“五大之乡”，全力打造高端牛羊肉生产基地、高品质冷凉蔬菜基地、全国重要的绿色食品生产基地。

截至目前，全区累计培育区域公用品牌 13 个，创建中国特色农产品优势区 7 个，2022 年地理标志农产品保护工程考核成绩位居全国第三。“原字号”“老字号”“宁字号”农产品品牌溢价能力明显提升，不仅为宁夏现代产业高质量发展奠定了坚实基础，也进一步树牢宁夏“六特”产业在同行业的话语权和市场交易的“风向标”地位。

不似以往，提起宁夏的特色农产品，北上广一线城市的市民首先想起的是枸杞、葡萄酒，如今，盐池滩羊肉、六盘山牛肉、冷凉蔬菜也备受青睐，成为货真价实的“明星产品”。

一直不能接受羊肉腥膻味的福建市民严煜，到宁夏游玩，不仅吃了羊肉，还喝了羊汤。他笑着说：“宁夏的滩羊肉真的很美味，一点腥膻气都没有，我以后会多吃宁夏羊肉。”

“下一步，我区将精心做好‘土特产’文章，聚焦‘六特’产业高质量发展，着力稳规模、提品质、精加工、抓销售，确保今年年底农产品加工转化率达到 72%，让更多‘宁字号’走向国内外市场，进一步提高宁夏特色农产品的知名度和综合效益。”自治区农业农村厅相关负责人说。

（记者张瑛，原载于《宁夏日报》2023 年 7 月 18 日第 1、5 版，标题有改动）

新时代产业工人匠心筑梦

党的二十大报告指出，坚持尊重劳动、尊重知识、尊重人才、尊重创造。企业是创新主体，一线工人是创新的重要力量。近年来，宁夏高度重视产业工人队伍建设改革工作，从思想引领、技能培训、权益保障等方面开展了一系列富有成效的改革工作。作为宁夏产业经济发展的龙头，银川市探索创建的“364”产改工作模式，推动了该市产业工人队伍在思想引领、建功立业、素质提升、地位提高、队伍壮大等方面取得长足进步，打造银川市高素质产业工人队伍，成为宁夏产改工作的典型。

三个引领，把队伍团结凝聚在党旗下

“我这样一名普通的公交车司机，能有机会向全国人民介绍宁夏这十年来发生的喜人变化，我感到十分激动，上台前紧张得不行。”这是前不久，党的二十大代表杨彦锋在银川市总工会会议厅内，为该市不同行业的女工干部们分享参加党的二十大的感受。

这两年，每逢党中央、自治区党委重要会议召开，银川市总工会都会用报告会、讲座等多种形式，向职工群众传达会议精神，第一时间把会议上的好政策、好声音传递给广大职工。

产业工人队伍改革工作如何激发职工群众的热情，让大家主动积极参与？银川市总工会找准“精神力量”这一解题题眼，把“三个引领”作为银川“364

产改模式”的首要任务在全市推广，用思想引领、党建引领、典型引领，凝聚精神力量，锤炼高素质产业工人队伍。

公交车就是个宣传好舞台——车载电子屏、标语、广播等元素都是杨彦锋宣传党的二十大精神的趁手工具。杨彦锋所在的银川市公共交通有限公司结合实际，在一些主要线路的公交车上打造“流动宣传阵地”，推动习近平新时代中国特色社会主义思想进车场、进班组。思想引领如培土植树，数年间蔚然成林。近年来，该公司培养全国劳动模范、全国最美公交驾驶员、宁夏好司机、最美银川人等先进典型100余人，用职工身边人身边事影响职工、团结职工、凝聚职工。

银川市总工会坚持把学习宣传贯彻习近平新时代中国特色社会主义思想作为首要政治任务，将思想引领融入新时代产业工人队伍建设全过程。制定《关于加强和改进新时代银川产业工人队伍思想政治工作的实施方案》。以“新时代工会大讲堂”为载体，广泛开展“四史”和中国工运史宣传教育。深化“中国梦·劳动美”主题宣传教育，以庆祝中华人民共和国成立70周年、建党100周年系列活动为主线，举办“喜迎二十大·建功新时代”“劳动创造幸福”“颂歌献给党·万名职工同声唱”等系列宣讲教育和职工文化活动3000余场次，让党旗高高飘扬在产业工人队伍中。

一系列职工文化活动紧扣时代主题

思想引领让产业工人心往一处想，党建引领则让大家劲往一处使，在生产一线发挥党员先锋模范作用。银川市总工会以党建带工建，以工建服务党建，一系列“双培养双推荐”活动，为党组织培养靠得住、能干事的优秀产业工人。

百瑞源枸杞股份有限公司始终坚持把优秀的产业工人培养成党员，培养成企业劳模、先进，引导产业工人党员争当最美劳动者。“近年来，我们共培养产业工人党员 23 名，培养积极分子 10 名，公司级劳模 28 名。”百瑞源党支部有关负责人介绍。

在银川市委组织部、银川市总工会等多部门推动下，银川市在产业工人聚集的工业园区，指导成立非公企业和社会组织综合党委，推动党组织应建尽建，持续扩大对产业工人群体的组织覆盖和工作覆盖，先后选派 1206 名党员担任党建指导员，全市非公企业党组织覆盖率达到 83.15%。在制订全市年度发展党员指导性计划工作中，注重向企业一线职工，特别是年轻的技术骨干、优秀工人倾斜，有针对性地培养发展技术能手、青年专家、优秀工人等产业工人。

近年来，在自治区及银川市主流媒体宣传中，“中国梦劳动美”“凤城工匠”等栏目已成为品牌，集中宣传了一批银川市各条战线的劳模典型。银川市总工会大力弘扬劳模精神、劳动精神和工匠精神，举办劳模事迹宣讲活动300余场次，报道“最美工匠”“最美劳动者”400 余期。

“每到关键节点，我们都会邀请银川市的劳模典型，像柏长友、张晓炜等人，把他们请进企业、车间、施工现场，为广大工友进行宣讲。激励广大产业工人，动员大家向先进典型学习，把个人理想和岗位建功与国家发展结合起来，贡献自己的力量。”银川市总工会有关负责人说。

银川市还出台《劳动模范评选奖励管理办法》，规范劳模评选奖励和管理工作，加强保障劳模的合法权益，充分调动发挥劳模的示范引领作用。让“学习劳模，争做劳模”成为广大产业工人的心声。

四项机制，激发劳动者创效合力

“平时工会也常关心慰问咱们环卫工，这次我遇到事，咱工会真的是帮了大忙！”2022 年 12 月 18 日，记者拨通银川市兴庆区环卫职工孙师傅的电话，说起他为看病花费大而犯愁时，银川市总工会帮他通过“职工医疗互助”解难题的事，仍感慨不已。

2022 年 9 月，孙师傅被诊断出患有垂体腺瘤，住院治疗费用高达 36836 元，如果不及时手术治疗，孙师傅可能无法再正常劳动，这对于收入微薄的孙师傅一家而言，可谓雪上加霜。得知此事后，银川市总工会职工服务站负责人丁勇立即帮助孙师傅办理“职工医疗互助”，最终孙师傅个人支付 12886 元，医疗互助报销 14873 元。

“还有一位患有脑膜瘤的黄老师，2022 年 7 月在北京空军总医院住院治疗，个人花费 97946 元，也是通过‘职工医疗互助’，最后全自费 31175 元，医疗互助报销 60200 元，我们工会是工人们的第二个家，为大家解决燃眉之急，是我们的职责！”丁勇说。

孙师傅和黄老师感受到的“解困救难之力”源自银川市总工会强化保障，以“四项机制”激发起来的创新创效合力。

2022 年以来，银川市总工会出台《关于打造高素质产业工人队伍　建强高技能人才队伍　助力银川高质量发展的意见》，探索创建了“364 产改模式”，全力推动产业工人思想引领、建功立业、素质提升、地位提高、队伍壮大等各项举措落地见效，打造银川市高素质产业工人队伍，其中，更是强化保障，以“四项机制”激发创新创效合力。

“孙师傅和黄老师在医疗方面的福利，就源于我们健全的服务机制，增强产业工人幸福感。”丁勇说，2022 年以来，银川市新建、升级改造区域性“职工之家”“劳动者驿站”300 处以上，“妈咪小屋”50 处以上；建立在职职工医疗互助、大病救助、意外伤害“三位一体”普惠救助体系，为 3440 余名患病职工减轻医疗负担 880 余万元，“职工医疗互助”对住院费用额度（扣除全自费）达到 5000 元以上的职工，在正常补助的基础上，再给予 500 元至 50000 元的一次性补助，使得医疗互助的最高报销额度增加到 10 万元，进一步解决职工因病致贫的问题。夯实“四送”服务，组织各级工会筹措资金 5350 余万元，慰问一线职工 28.2 万余人次等，将实事办得更好、将好事办得更实、将难事解得更透，带给工人们最踏实的获得感。

大国工匠，技能为要。在银川市金凤区，有一支规模不小的汽修产业工人队伍，金凤区长城中路街道工会根据辖区汽修企业个体规模不一、技术层次不齐、从业人员分化的特点，因势利导，通过职工培训、技能比武、匠心筑梦、技术交流、职企共赢等形式，实现工会服务汽修行业职工的特色化、规模化、长效化效应。

“我们按照银川市总工会要求的‘健全激励机制，增强产业工人获得感’，拓宽技术工人晋升通道，建立技能等级与薪酬待遇挂钩机制，让工人们的发展空间更大，职业荣誉感更强。”金凤区总工会新银通职工服务站负责人陈文侠说。该辖区内各企业不定期举办汽车维护保养、钣金喷漆、营销技能等业务训练，提升汽修工人的业务技能；定期邀请附近汽修厂技术人员，针对近期出现的一些技术难题研究探讨，实现技能互通、能力互提；连续几届开展“六比一创”汽修技能大赛，促进职工队伍技能素质的不断提升。

此外，金凤区总工会新银通职工服务站还积极打造技能人才创新工作室、推选“金牌工人”，构筑以培训服务、技能传承、技术攻关、技术创新等职能为一体汽修服务新高地，辐射引领传统汽车检测维修服务向新能源汽车技术服务领域改革和创新，从互联网络、先进设备、团队素质和智能管理等方面入手，实现规模化、系统化、品牌化经营，提高汽修产业服务的整体水平。

银川市总工会健全评价机制，落实30余项政策措施，认定高精尖缺人才502名、学术技术带头人储备人选636名。建立了“企业—院校—社会培训评价组织”三位一体的工作机制，多元化高技能产业工人的评价方式正在形成。健全企业主体机制，调动产业工人积极性，指导企业发挥产改主体作用，根据企业特点深化产改工作，形成了不同层级、不同规模、不同产业结构的企业产改模式，助力产业工人成长。

六大平台，由工到匠的全方位淬炼

党的二十大报告指出，坚持把发展经济的着力点放在实体经济上，推进新型工业化，加快建设制造强国、质量强国、航天强国、交通强国、网络强国、数字中国。

产业发展，人才先行。如何在千帆竞发、百舸争流的产业经济大潮中占据主动、实现发展，产业工人能力素养提升无疑成为重要环节。

“我们依托公司平台优势和智力优势，在开展线上线下相结合的产业工人培训基础上，还进行了全流程数字化的产业工人培养。”宁夏共享集团股份有限公司相关负责人介绍，公司搭建了“铸云课堂”云平台及APP，狠抓基础知识和基本操作技能培训，为产业工人提供全方位一站式培训服务，实现了“学习 + 考试 + 评价”一体化。此外，创新运用“六维（数量、稳定、质量、结构、成长、财务）工作法”＋HR数字化系统，将培训工作延伸到岗前、在岗以及岗位任职资格达标等环节。目前，已与30余所高校、研究院开展“智享计划”校企合作，建立了产业工人队伍的人才“蓄水池”。

在宁夏宝丰能源集团股份有限公司，依托基地优势打造集贤聚才的“孵化器”，成为产业人才数量、质量提升的关键。

“我们不断夯实培训基础，优化管理标准，搭建职业教育平台。”公司相关负责人介绍，目前该公司已开发各类专项培训课程及考试题库17门，评审入库1100项课程。在此基础上，公司结合企业发展实际，“以赛促学、以赛促训、以赛促建”，开发17项技能竞赛，促进了复合型高技能人才队伍建设，为企业高质量发展提供有力人才保障。

提升产业人才能力，政策机制是根本。

2022年，银川市总工会着力聚焦产业工人素质提升，制定出台了《关于打造高素质产业工人队伍　建强高技能人才队伍　助力银川高质量发展的意见》，以“六大平台”建设锻造高技能人才队伍。

“‘六大平台’从各个方面对产业工人能力素养提升进行支撑和激励，各地高校企业结合自身特点进行实践，形成了良好成效。”银川市总工会相关负责人表示，“六大平台”包括职业教育平台、新型学徒平台等，分别有相应的机制和政策配套，保障技能人才培养高效运行。

其中，搭建职业教育平台、促进产教相互融合方面，推行终身职业技能培训制度，成立“工匠学院”，与中国石油大学、宁夏宝丰能源集团等单位合作建立7个职工实训基地，形成了政府为主导、企业为主体、职业院校为重点、校企合作为基础、社会各方面包括工会广泛参与的多层次、多结构的职业教育培训格局。

搭建新型学徒平台，助力工人创新发展方面，出台《百千名师带万名高徒实施方案》，组建百名劳模工匠导师团，发挥优秀人才“传帮带”作用，深入开展“青匠培育”“青蓝结对”活动，结对帮带千名徒弟，影响带动万名产业工人。

在搭建技能提升平台、拓展工人成长途径方面，银川市创新建立培训、练兵、竞赛、晋级、奖励“五位一体”职工技能提升长效激励机制，开展了葡萄酒行业、“三新”产业等产业职工职业技能竞赛500余场、参与职工28万余人次。

搭建技能竞赛平台，提升技能培训成效方面，围绕重点项目、工程先后开展“六比一创”劳动竞赛1000余场次，参与职工100余万人，推选“劳动之星”“技能之星”“创新之星”300余名，形成了争先创优的良好氛围。

搭建创新创效平台，凝聚工人创新合力方面。连续开展了三届“十佳五小”职工创新技术成果竞赛评比展示活动，累计推出技术革新5000余项、发明创造1800余项、专利1000余项，推广先进操作法500余项。累计创建劳模技能人才创新工作室106个。持续推动“双创”载体建设，加快培育认定众创空间，已在全市建设科技企业孵化器17家、众创空间41家。

在搭建成长成才平台、建设人才集聚高地方面，实施了万名企业职工技能培训计划，创新“点单＋配菜”“名师＋名课”“理论＋实操”培训新模式，线上线下开展培训活动500余期，培训产业工人16万余人，通过培训有26081名产业工人取得初级以上职业资格证书。

一套政策“组合拳”，让产业工人技能提升有了宽广的平台和稳定的保障，也为产业发展积蓄着强大能量。“我们还将探索更多好的方式，为产业人才培养保驾护航。”银川市总工会相关负责人说。

（记者和牧川、王溦、马越，原载于《宁夏日报》2023年1月6日第7版）

宁夏：跨省通办解决群众“急难愁盼”

老人到大城市投靠子女，生了病医保怎么报销？年轻人在外省就业生活，户籍业务是否要回老家办理？想买辆二手车方便出行，如何少跑腿、办得快？困难群体在外地需要法律援助，该如何解决？

随着人员异地流动和企业跨区域经营日益频繁，与群众生活密切相关的跨省办事需求日益增多。近年来，宁夏加速平台建设、加强数据共享，越来越多高频政务服务事项实现“跨省通办”，获得群众认可和点赞。随着政务服务“跨省通办”持续推进，信息“快跑”代替群众奔波，靠前服务提升办事效率，群众跨省办事的堵点渐次打通、难题不断化解。目前，全区政务服务实现跨省通办事项共 301 项。

户籍新举措让群众省时又省心

“我的户籍在陕西，现在两个孩子需要办理身份证，因为工作原因，我又不能请假回去办理，能不能在这边帮我的孩子办理身份证？”近日，暂住盐池县大水坑镇的刘先生带着两个孩子来到盐池县政务大厅户籍窗口咨询身份证跨省办理的相关流程。

了解情况后，户籍民警告知刘先生可直接在户籍窗口提出申请，无须再回原户籍地办理相关手续。在民警的指导下，刘先生填写了申请表、采集了照片、指纹，顺利完成两个孩子身份证首次申领的业务。

“原本只是想咨询一下，没想到难题直接被民警解决了。”拿到两个孩子的身份证后，刘先生直夸政策好。

今年 4 月 1 日开始，宁夏开始在全区正式开通全国居民身份证首次申领、户口迁移和户籍类证明“跨省通办”等业务，主要包括开通全国居民身份证首次申领、所有户口迁移“跨省通办”、户籍类证明“跨省通办”（区内通办）业务、网上申请办理无犯罪记录证明业务。全区各派出所按照工作流程采集户籍、照片、指纹等信息，通过“跨省通办”业务协同应用平台推送给申请人户籍所在地公安机关审核通过后，予以办理首次申领居民身份证业务。通过该平台办理户籍迁移的，使用电子凭证办理业务，群众要求线下办理的，仍继续沿用原有户籍迁移工作流程予以办理。

“各派出所户籍民警坚持点对点沟通协调，及时查收‘跨省通办’业务请求，严格按照规定时间反馈查询结果，不需要当事人奔波于两地派出所之间提供相关材料，真正实现‘一窗式受理、一站式服务’，减少了办事成本，提高了办事效率，让群众省时省心。”银川市公安局有关负责人说，新举措实施以来，银川市公安机关共“跨省通办”户口迁移业务 536 件、办理跨省身份证 9586 张。

今年 5 月，永宁县望远镇居民王女士与丈夫到望远派出所户籍室办理迁户业务，王女士的户口在望远派出所，儿子的户口在河南通许县，因为上学需要将儿子的户口迁到宁夏，正好赶上开通了跨省通办业务，民警详细介绍了办理户口迁移需要准备的材料，对王女士携带的材料仔细审核后，立即受理，并与河南省通许县长智派出所取得联系，3 个工作日后即可持户口本来所里办理入户。王女士感慨地说：“过去办理迁户，要到户口所在地和迁入户口所在地之间来回跑，有了跨省通办，省时省心还省钱。”

据介绍，自户籍业务“跨省通办”政策施行以来，宁夏各地公安机关切实将实事办进老百姓的心坎里，用心用情用力解决群众的操心事、烦心事、揪心事，切实增强了人民群众的获得感、幸福感、安全感。

公积金“跨省通办”便捷暖心

“去一趟西安，来回高铁票费用约 500 元，再抓紧办，也得两天时间，而且还必须在工作日内，这些都是成本。有了‘跨省通办’业务，这些麻烦都解决了，非常方便。”6月20日，董女士和记者聊起住房公积金异地办理的“新体验”。

董女士和丈夫都是某石油单位员工，多数时间都在野外，回市区时间较少。今年，董女士在银川买了一套新房，在办理住房公积金业务的时候犯了难。“我们的住房公积金缴存地在西安，新买的房子在银川，工作的地方在陕北。办理住房公积金业务一套流程走下来，要耗费很多时间、路途费用，让人发愁。”董女士在翻看微信公众号的时候，看到了住房公积金“跨省通办”的业务，“这个业务专门解决我们家的难题。”她通过电话咨询，准备好所需材料，去银川市民大厅一上午就办理好了住房公积金提取业务。

近年来，银川市持续推进公积金“跨省通办”便捷服务，不断提升住房公积金“便民、利民、为民、惠民”服务水平。借助智慧公积金信息化建设，以“全程网办”“掌上办”助力“跨省通办”。逐步实现“非必要不现场”的服务模式，目前16项公积金提取类业务中已有13项实现“全程网办”和“全程掌办”，18项公积金归集类业务中已有14项实现“全程网办”。针对在银川购房的异地公积金缴存职工，通过“跨省通办”专窗“两地联办”的形式，实现购房人在购房地一站式完成异地公积金提取业务办理。打破时间和空间界限，随时随地为企业和职工提供“7×24小时”“全地域”“全覆盖”的住房公积金便捷服务。

“自‘跨省通办’业务开办以来，我们通过线上线下多渠道积极开展业务宣传，让有需要的缴存职工第一时间知晓政策。积极拓展住房公积金‘跨省通办’服务事项，最大限度做到应办尽办。截至目前，已经实现了退休提取、购房提取、提前还清公积金贷款、开具异地缴存证明、开具贷款结清证明、单位登记开户等8项全国高频政务服务事项以及住房公积金汇缴、补缴、同城转移、基数调整、个人账户设立、租房提取等6项宁夏政务服务事项‘跨省通办’。”银川住房公积金管理中心归集管理处负责人曹欣说，在银川市市民大厅住房公积金服务大厅及灵武、永宁、贺兰、铁路、宁东等5个分中心业务大厅同步增设“跨省通办”专窗，安排专岗工作人员专门接待办理“跨省通办”事项，统一业务标准，明确业务流程，不断提升服务水平，打造“跨省通办”示范窗口。

银川市设立公积金服务大厅“跨省通办”专窗以来，服务来自北京、西安、兰州、阿拉善盟、泰安等全国各地城市的群众，有效解决了办事职工异地往返的实际困难，受到办事群众的点赞认可。2022 年实施“跨省通办”以来，银川市共办理住房公积金归集、提取类“跨省通办”业务 35 万余笔。联合外省市为 1302 名异地办事需求的申请人办理“跨省通办”“两地联办”事项，有效解决了企业和职工异地办事“多地跑”“来回跑”的问题。

二手车“过户”不用两地跑

“自从可以异地过户，手续简化了，时间缩短了，顾客再也不用两地往返，二手车交易量也明显增加。”近日，银川市贺兰县德胜工业园区一家二手车交易市场负责人徐信告诉记者。徐信口中的“异地过户”指的是二手车交易登记“跨省通办”。

2021 年，为进一步促进二手车交易行业发展，便利群众办理二手车交易登记手续，公安部会同商务部、国家税务总局部署推行二手车交易登记“跨省通办”。同年 9 月 1 日，银川市作为全国第 2 批 218 个试点城市之一，率先在全区推行二手车交易登记“跨省通办”改革；2021 年年底，二手车交易登记业务在全区实现“跨省通办”，实现档案资料网上转递。异地交易二手车可以就地直接办理车辆查验、登记，无须返回登记地验车、提取档案、办理转出，变“两次登记查验”为“一次登记查验”。

“在转入地交易的时候，不需要再回到车辆的登记地办理转出和查验，省去这道手续，方便群众在转入地直接办理交易登记，减少两地往返。”银川市公安局交通管理局德胜车管所业务受理岗工作人员宗单玲说，二手车交易转移登记“跨省通办”便利措施适用于非营运小型、微型载客汽车。对于二手小型、微型非营运载客汽车，现机动车所有人（二手车买方）住所不在登记地车辆管理所管辖区域内的，可以直接到住所地（转入地）交易并申请机动车转移登记，无须再到原登记地（转出地）车辆管理所交验车辆。

2023 年 6 月中旬，银川市民王先生在二手车市场选中一辆渝牌的二手轿车。确认购买后，王先生现场在交易市场内的车管业务窗口办理了车辆查验。档案信息随即通过网上转递、登记，直接转入银川。“真是太方便了，整个过程前后不到10分钟。我也不用再前往重庆验车、办理转出，那样来来回回，少说也得两周时间。”王先生说。

近年来，随着公安交管深化“放管服”改革，逐步实行交管业务一证办、异地办、网上办、就近办等便民措施，宁夏推进公安交管“跨省通办”改革向纵深发展，多项车驾管业务实现“跨省通办”。其中，驾驶证初次申领、驾驶证补换证、满分学习、驾驶证审验等驾驶证业务以及二手车转让登记、车辆信息变更备案、异地变更车身颜色（小、微型载客汽车）、免检车申领检验标志等机动车业务均可实现“跨省通办”。

截至目前，全区二手车异地交易登记业务共办理了18.6万笔，满分审验教育地网上变更229笔，车辆信息变更“跨省通办”292笔，二手小客车转让登记“一证通办”802笔，小客车登记全国“一证通办”4647笔，大中型客货车驾驶证全国“一证通考”1521笔，恢复驾驶资格考试“跨省可办”342笔。

群众异地就医更有“医”靠

“在异地就医直接结算解决了我的大麻烦，之前在西安看病一直是自己垫付全部费用，半年左右携带上百张票据和清单回银川报销，不仅费时费力，还容易遗漏个别票据。”银川市参保人小李说。

小李患有肾衰竭，曾在西安某医院进行肾移植手术，等待肾源期间需要频繁进行血液透析治疗。今年年初，小李回银川报销血液透析的费用时，银川市医保中心工作人员告诉他，现在跨省异地就医可直接结算，不用来回跑。银川市医保中心工作人员查询小李跨省异地备案信息无误后，建议小李在开通门诊血液透析服务的定点医疗机构跨省直接结算血液透析治疗的费用。

在随后的就诊中，小李告知就诊医院自己是外省参保职工，已经办理了异地就医备案和审批了门诊慢特病等。因为手续齐全，小李提供社保卡就可以直接结算，每次数千元的治疗费用现在只需要支付个人自付的数百元即可，大大减轻了小李血液透析治疗的垫资压力，且再也不用费心整理复杂的票据清单，往后可安心看病，再无“报销难”的后顾之忧。

据统计，2023 年 1 月至 5 月，银川市参保人员在异地就医直接结算 2.43 万人次，基金支付 7900 多万元；银川市为区外参保人员直接结算 4.48 万人次，基金支出 1.4 亿多元，结算涉及全国 31 个省、自治区（兵团）、直辖市。

银川市参保人在银川市兴庆区政务大厅医保窗口办理跨省异地就医结算业务

目前，全区跨省异地就医直接结算，已实现了参保人群的全覆盖，备案渠道进一步拓展，备案手续只需办一次，参保人员凭医保电子凭证即可进行跨省异地就医直接结算，备案有效期由原来的 6 个月提高至 12 个月。跨省长期居住人员在不降低待遇水平的情况下，可在参保地和就医地双向享受待遇。跨省异地就医直接结算范围不断扩大，第三方责任外伤费用、急诊急救费用及生育费用和职工普通门诊统筹费用均纳入宁夏跨省异地就医直接结算范围。

医疗保障是减轻群众就医负担、增进民生福祉、维护社会和谐稳定的重大制度安排。一直以来，宁夏着力破解参保群众异地就医跑腿报销、资金垫付等难点堵点问题，全力推动异地就医直接结算工作，构建了横向和纵向跨省异地就医直接结算网络，基本实现群众自治区内异地就医结算“零跑腿”“无垫付”。目前，全区 5 个统筹地区、75 家医疗机构开通高血压等 5 个病种门诊慢特病跨省直接结算服务。今年 6 月 1 日，宁夏又开通跨省长期异地备案参保职工普通门诊统筹费用跨省异地就医直接结算服务，涉及医疗总费用 47 亿元，惠及参保群众 57 万人次，减少资金垫付 29 亿元。

法援跨区协办高效便民

“开展法律援助异地协作机制，克服了异地办案存在环节多、周期长、调查取证成本过高等弊端，有效保障困难群众得到优质高效便捷的法律援助服务。”2023 年 6 月 25 日，自治区司法厅公共法律服务管理处负责人唐静说。

去年，苏某的儿子马某因在兰州市榆中县涉嫌帮助信息网络犯罪活动罪，被榆中县公安局逮捕，羁押于当地看守所。家庭困难的苏某想前往当地为马某申请法律援助，奈何人生地不熟，苏某来到固原市司法局法律援助中心寻求帮助。为帮助苏某在异地申请法律援助维护其儿子马某权益，固原市司法局法律援助中心工作人员一方面将情况汇报至负责人，另一方面调查了解苏某家庭情况。

经了解，苏某丈夫早年去世，她一人抚养马某兄弟二人，家庭经济特别困难，属于城市居民低保户，马某小时候患有脑膜炎，致使其智力存在一定缺陷，听力残疾，辨别是非的能力也受到一定的限制。根据相关法律规定，马某可以申请法律援助。因申请法律援助需在办案机关所在地的同级法律援助中心申请，固原市司法局法律援助中心多次和兰州市榆中县法律援助中心协商联系并提供当事人有关佐证材料，成功为马某提供异地协作法律援助。

去年，自治区司法厅全面推行法律援助异地协作机制，增强法律援助跨区域间协作配合，进一步提升法律援助服务水平，为群众提供便捷优质的法律援助服务。法律援助异地协作试点机制以申请地法律援助机构主动对接、协作地法律援助机构积极配合承办案件为原则，在办理法律援助案件过程中，法律援助机构可以就如下事项请求协作：法律援助申请的移送；代为调取、审查申请人身份和经济状况证明材料；代为调查取证；存在异地关押、异地开庭或是由协作地法律援助机构提供服务更有利于当事人等情形；重大、疑难、群体性案件，协作地法律援助机构办理确有困难的，可以要求申请地法律援助机构派员办理；协作地法律援助机构自愿承担的其他事项。

与以往的协助调查机制不同，不同省区间有不同的标准和处理方式，异地相互认可是最难达成的。“跨区法援机构间的‘授权’在案件办理过程中发挥主导作用。两地在优化便民举措中共同传递法律温度，在提升办案效率上展示了援助速度，真正做到‘我为群众办实事’，实现了让‘数据多跑路，群众少跑腿’，受到了群众认可。”唐静说。

2022年以来，全区司法行政系统共办理法律援助异地协作161件。

（记者刘惠媛、智慧、马忠、周昕、陈思，原载于《宁夏日报》2023年7月5日第7版）

海绵城市：让城市“呼吸”更顺畅

海绵城市是新一代城市雨洪管理概念，有利于修复城市水生态、涵养水资源，增强城市防涝能力。

近日，吴忠市成功入围15个“十四五”第三批系统化全域推进海绵城市建设示范城市之一，继固原市和银川市后，成为宁夏第三个海绵城市建设示范城市。

示范先行，从何起步？不管是顶层设计还是细节打磨，宁夏即将要完成的，是将理念转为实效，让海绵“元素”更好地发挥作用，使城市在吐纳自如呼吸之余，将城市建设转变为群众触手可及的获得感与幸福感。

全区城市建成区海绵城市建设面积25%以上

“截至2022年底，全区城市建成区海绵城市建设面积25%以上。”2023年6月19日，自治区住房和城乡建设厅相关负责人说。

2015年，国务院办公厅印发《关于推进海绵城市建设的指导意见》以来，全国各地掀起海绵城市建设高潮，宁夏海绵城市建设也全面启动。2016年，在自治区住建厅的指导下，固原市获得第二批国家海绵城市建设试点，全区7个设市城市和部分县编制完成海绵城市建设专项规划，对建筑、小区、道路广场、公园绿地等实施海绵化试点改造，取得一定成效。但由于缺乏顶层政策指导，各地海绵城市建设思想认识不统一，工作目标不一致，重点任务不突出，技术支撑力量薄弱，资金筹措困难，一定程度上影响海绵城市建设整体协调推进。2017年，自治区人民政府办公厅印发《关于推进海绵城市建设的实施意见》（以下简称《实施意见》）。

《实施意见》提出，降水量大于400毫米的市县要建成海绵城市，将70%的降水就地消纳和利用，降水量较小的市县，要灵活运用海绵城市理念和技术，对城市实施海绵化建设和改造。到2020年，全区城市建成区20%以上的面积达到海绵城市建设目标要求，到2030年，全区城市建成区80%以上的面积达到海绵城市建设目标要求。

《实施意见》提出了海绵城市建设10个方面的重点任务。在强化海绵城市建设规划管控方面，提出全区所有市县2018年编制完成海绵城市建设专项规划，并建立完善从工程规划设计到竣工验收全过程低影响开发雨水设施审查制度，确保雨水资源化利用设施与主体建设工程同时规划设计、同时施工、同时竣工投入使用。自治区和各市县分层编制海绵城市建设相关技术标准和规范，建立海绵城市建设项目库。为落实海绵城市建设重点任务，将统筹新老城区海绵城市建设，城市新区、各类园区、成片开发区域要坚持以目标为导向建设海绵城市，老城区要坚持以问题为导向建设海绵城市。推进海绵型建筑和小区建设，要求规划用地面积超过2万平方米的新建建筑物要配套建设雨水罐、蓄水池等雨水收集利用设施，按绿色建筑标准设计的建筑和小区非传统水源利用率应不低于10%。推进海绵型城市道路和广场建设，提出新建道路要改变雨水快排、直排传统做法，按照海绵城市要求设计建设，变快速汇水为分散就地吸水，老旧道路和广场，要有计划地按照雨水径流控制目标进行改造。推进海绵型公园绿地建设，明确把构建海绵型绿地系统纳入园林城市等创建活动，因地制宜建造人工湿地、雨水花园、下沉式绿地、植草沟、多功能调蓄水体等设施，更好地发挥城市绿地系统调蓄、净化雨水等功能。强化城市排水防涝设施建设，要求结合海绵城市建设，推进城市排水防涝设施达标，加快改造和消除城市易涝点。

为了促进海绵城市建立考核激励机制，将海绵城市建设纳入各级政府生态文明建设、新型城镇化建设和效能目标考核体系。

除出台《实施意见》外，自治区住建厅还编印宁夏海绵城市建设《技术导则》

《案例图解手册》《标准图集》，因地制宜推进海绵城市建设。经过这几年的建设，固原市年雨水资源利用率达到10.58%，为宁夏推进海绵城市建设发挥示范作用，为国家在干旱半干旱地区推进海绵城市建设提供可复制、可推广经验。银川市、吴忠市分别获批全国海绵城市建设第二、第三批示范城市，3 年可获得中央财政补助资金 11 亿元，银川市计划推进 69 个重点项目，总投资 120 多亿元，其中海绵城市建设投资 38.9 亿元。银川市、石嘴山市、吴忠市为海绵城市建设自治区级试点城市，通过建设海绵城市，充分发挥建筑、道路、绿地、水系等对雨水缓释作用，提升了城市蓄水、渗水和涵养水的能力。

“先行示范”固原：“海绵 +”建设让城市更有韧性

“环境变好了，大家都喜欢到这里休闲娱乐。”6 月 25 日清晨，固原市原州区下东海小区居民别建军，来到家门口的清水河岸边锻炼。橡胶步道上，人们三五成群，或快步疾行，或闲庭信步。道路两旁绿茵如毯，柳树枝壮叶茂。

治理后的清水河，水清岸绿，美景如画。

“这得归功于海绵城市建设。”2016 年 4 月 22 日，固原市成为全国第二批海绵城市建设试点城市。2019 年 12 月，项目通过了住建部、财政部、水利部三部委组织的海绵城市试点绩效评价验收。“经过3年持续建设，城市品质得到大幅提升，绿色优势得以巩固，实现生态、经济和民生多赢。”固原市住房和城乡建设局海绵城市建设中心主任薛丽芳说。

“小雨不湿鞋、大雨不内涝”，自海绵城市建设以来，市民就寄予厚望。固原市海绵城市建设试点面积23平方公里，市区建成区面积44平方公里，试点面积占比52.27%。分别为饮马河排水分区、西南新区排水分区、南城路排水分区、六盘山路排水分区、文化路排水分区5个排水分区。

“项目按照类型分为清水河综合整治、道路、监测平台、老旧小区、公园与广场、公共建筑、给排水管网检测与修复、内涝积水点整治、污水处理与再生等11个类型123个子项目，涵盖了海绵城市建设项目的源头、过程和末端。其中，PPP项目112个，总投资锁定在29.88亿元。”宁夏首创海绵城市建设发展有限公司负责人景磊说。

海绵城市建设相对复杂，据不完全统计，涉及约有900种设备设施，前端有海绵设施、排水管网、泵站等，末端有污水处理厂、合流制污水溢流调蓄池等。建设结合城市更新、城市修补，推行“海绵城市+旧城改造”“海绵城市+民生工程”“海绵城市+文化旅游”理念，在清水河周围建设可容纳1万立方米雨水资源的海绵公园，在城区新增上百万平方米的绿地和公园广场，科学规划完善排水系统。

“针对城区内涝积水成因，采取不同策略，累计改造城市雨污管网65公里，文化路、中山街等城市主干道路实现雨污分流；试点区内排水管网标准得以提升、淤堵管网得以清除，达到两年一遇标准；火车站桥、宋家巷等12个内涝积水点全部消除，达到30年一遇标准。对症下药，解决了群众普遍关注、反响强烈的道路塌陷、雨污合流、老旧小区设施破旧、清水河周边环境脏乱差等‘城市病’。”景磊说。

一套“组合拳”下来，根除了内涝“顽疾”，增加了城市“颜值”，提高水资源综合利用率。以往下雨天市区内部分路段雨污水横行、群众出行困难的现象一去不复返。海绵城市建设不仅要解决黑臭河水的问题，还统筹建设蓄水池、下凹式绿地、雨水花园等设施，留存好雨水资源，需要时将蓄存的水“释放”加以利用，实现城市水资源的统筹管理。

海绵城市建设，绘就了一幅“河畅水清、岸绿景美”的画卷。2022 年，仅清水河湿地公园湿地鸟类同比增加了 4 目 8 科 29 种，种类上升了 72.5%。城市有了美丽的“面子”，更有了健康的“里子”，生态园林和文化旅游城市的定位更加凸显。同时，推动了多项城市创建。近 3 年，固原市成功创建自治区卫生城市、文明城市、国家园林城市和国家卫生城市。

2023 年 5 月 12 日，固原市海绵城市领导小组办公室印发《固原市海绵城市 PPP 项目运营期绩效考核实施细则》，即日起海绵项目全面进入运营维护期。同时，建立海绵项目网格化管理和常态化督查巡查机制，对实施了海绵化试点的 23 平方公里划定 5 个片区，安排专人每天进行现场巡查，确保海绵城市健康有序运行。

“中坚”力量银川：让雨水在城市中自由迁移

2022 年 7 月 10 日夜间，银川市出现大范围降水天气，金凤区宁夏儿童医院门前的积水影响道路正常通行。实际上，由于宁安大街最初建设时没有实施雨污分流，给宁安大街宝湖路以南、六盘山路以北区域的污水处理、环境保护等带来诸多问题。

今年，作为银川市海绵城市建设的一项重点工程，金凤区南部雨污分流改造工程一期雨水管道及泵池工程已经完成。6 月 19 日，银川市海绵城市建设服务中心副主任马谦说：“工程新铺雨水管道 1686 米，新建雨水泵池一座，集水池总有效容积为 356 立方米。项目建成后，雨水、污水各行其道，还可以通过沉淀调蓄，让水迁移到华雁湖，作为湿地补水，实现城市水资源的高效利用。”

2022 年 4 月，银川市获得自治区海绵城市试点城市，同年 5 月成功入选全国第二批系统化全域推进海绵城市建设示范城市。自入选海绵城市建设示范城市后，银川市锚定“示范期末 40% 以上的建成区面积达到 30 年一遇内涝防治标准，内涝积水区段消除比例达到 100%”的工作目标，全力推进海绵城市示范市建设，工作取得初步成效。去年，银川市系统谋划了内涝积水治理、海绵型道路建设等不同工程类型在内的海绵城市项目 65 个，总投资 25.46 亿元，海绵总投资 10.95 亿元，目前已完工项目 34 个，累计完成投资 17.59 亿元，完成海绵投资7.7亿元。

“银川市绕城高速以内的范围，都纳入海绵城市建设管控区域，包括市政道路、住宅小区、公园绿地、河湖水系的建设均要符合海绵城市建设要求，项目管理延伸在各个节点。”马谦说，银川市按照源头减排、过程控制、系统治理的要求，建立了示范期海绵城市建设项目库，围绕“抓项目、重管理”的思路，“规建管”全流程管控，全方位把握海绵指标落实。

根据不同排水分区问题与特点，银川市因地制宜制定片区治理策略。西夏区南部以产业园为主，着力构建源头工业园区大屋面雨水径流场地内渗滞；过程中通过道路雨水井篦改造，设置净化设施和引流槽，将道路雨水引向周边绿地滞蓄控制；末端建设9万立方米CSO调蓄池和双渠口公园海绵化改造，发挥削峰错峰作用，实现防灾减灾、景观休闲等综合功能。金凤区中部以居住、公建为主，结合城市更新“增绿留白”，打造高品质公共空间。针对部分建设条件良好、对周边民众生活有较大影响、能更好地解决内涝问题的区域，银川市做了精细打造。西夏区教育小镇新建配套市政道路项目纬二路等15条道路及慢行绿道，通过下沉式绿地的净化调蓄功能，有效降低道路雨水径流污染物浓度，减少雨水管排入末端水体污染物量，同时有效滞蓄雨水，补充地下水；丽景街西侧小微公园等12个小微公园及林带建设项目，运用低影响开发理念，海绵系统采用碎石集水边沟、植草沟、透水铺装，下凹生态绿地、多层跌落带、常态水景结合雨水净化湿地、结合下沉式绿地设置雨水花园，打造季节性雨水花园，让雨水有个好去处。

据介绍，银川市今年重点打造金凤区中部、西夏区南部2个海绵城市建设示范片区，实施七子连湖海绵湿地公园、康平路雨水管道工程等项目，已列入一批投资计划项目23个，估算总投资6亿元，海绵投资4.6亿元，已开工项目22个；列入第二批投资计划项目14个，估算总投资8.4亿元，海绵投资4.8亿元，计划6月底陆续开工建设。

“新晋”选手吴忠：让海绵城市成为城市建设“标配”

2023年6月17日一早，住在吴忠市利通区明珠公园附近的马晓云习惯性地去公园跑步。作为健身爱好者，她对明珠公园内的红色健身步道十分满意："和一般步道不同，这里的步道有好多小孔，不管是下雨还是旁边的绿化浇水，都不会留下积水，对我们这些'跑步族'特别友好。"

从空中向下俯瞰，明珠东路南侧的明珠公园如同"绿肺"一般缀于利通区的中心地段。让马晓云称赞的健身步道，是由透水混凝土铺设，上面密密麻麻的小孔能保证下雨或绿化养护后的流水能迅速渗透到地下蓄水池，保持步道干爽。

近年来，吴忠市着手实施海绵城市建设项目，先后完成明珠公园、兴隆公园等综合公园园路及广场的透水铺装、下沉式绿地、植草沟等改造。通过对公园、广场等地的提质增效，吴忠市不仅有效解决了雨后积水问题，也让当地居民出行变得更加方便。

在马晓云等当地居民眼里，天蓝、地绿、水清的变化源于城市环境的改善与提升。实际上，这些变化大多和吴忠市"海绵"元素的逐年增加息息相关。

吴忠市中心城区所处流域是缺水地区雨量相对丰富的区域，市区规划区内水系较为发达，且均匀分布于城市周边、网系节点。该市开展系统化全域推进海绵城市建设示范，除可以通过山洪拦蓄回用、城市水体调蓄利用等综合措施提高城市水资源承载能力外，也能借助山前、河道、河口等多级空间预控和调蓄，一定程度提高城市发展韧性。

"这些年，我们先后完成 22 条 31.2 公里人行道、近 20 万平方米公园、学校等内部路面海绵化改造。"吴忠市市政建设管理中心主任刘晓娟介绍，该市同时累计新建雨污分流排水管网 17 公里，改扩建排水管网 72 公里，在市区形成五大排水分区。

2023 年 5 月，吴忠市成功入围 15 个"十四五"第三批系统化全域推进海绵城市建设示范城市之一，让这座城市对海绵城市建设的未来"行进表"更添了几分信心。

自今年起，吴忠市将重点围绕黄河、苦水河，从水源涵养、水土保持、生态修复、湿地恢复等方面，谋划实施黄河宁夏吴忠段综合治理工程等一批关键项目，不断加强流域综合治理，强化流域水安全建设，着力修复流域生态环境。打通与黄河、苦水河通道，实现城市内外河湖联通，在水系重要节点建设生态湿地，并充分利用零散地块、道路两旁等绿化空间，见缝插绿、垂直绿化，重塑城市生态。同时，吴忠市还将采用必要的泵站、调蓄池、厂站等设施减少城市点源污染，并在老旧小区改造过程中优先解决污水管网不完善、雨污混接、内涝积水等涉水问题，对部分管网进行修复和排查检测，畅通城市排涝通道。

“示范期间，我们将紧紧围绕海绵城市建设总体目标，精心实施好八大类80个项目，力争到2025年海绵达标面积占比超60%，主要指标明显提升，与2030年目标实现有效衔接。”吴忠市住房和城乡建设局副局长金岳普介绍。

（记者张唯、剡文鑫、裴云云、乔素华，原载于《宁夏日报》2023年7月4日第6版）

共享阅读：悦享美好读书时光

随着共享理念的深入传播，开放共享的生活方式被越来越多的消费者接受，共享阅读逐步进入大众生活，社区共享阅读书吧、图书馆共享空间、共享书店等应运而生，他们努力打破空间上的限制，营造“图书 +”“文化 +”多种新兴业态，以细致的场景化搭建，让爱书人有了安放灵魂的好去处。人们以图书为载体，静享读书之美，共阅阅读之趣，让城市的文化生活更具质感。

悦书房图书馆　心灵放松的栖息地

“高温燥热，在银川市金凤区第一小学办完事后，无意中看到‘金凤悦书房’，走进去，心一下安静下来。读了两本书，很享受这种快乐。”一位读者发了朋友圈。

2023 年 7 月 28 日 14 时，户外骄阳似火，在银川市金凤区宜居巷金凤悦书房里，却充盈着清凉和宁静。“来这里读书的不仅有学生，还有周边的居民、上班族。”工作人员介绍，书房有免费 Wi-Fi，配置有声读物，市民可以通过手机等电子产品进行阅读。

据了解，2018 年以来，金凤区不断打造全民阅读新模式，在学校周边、社区、公园、街道等人口集中、交通便利、设施完备的地方，建设了 20 座悦书房。书房的图书涵盖文学、艺术、百科、历史、哲学等 22 个类别；各种杂志、期刊、报纸一应俱全，可满足不同年龄段读者的阅读需求，同时配备了自助借阅机、电子书阅读机等数字化设备设施，实现了数字化管理，可为读者提供24小时全时段自助借阅以及自助办证、借阅、外借、数据库检索等“一站式”阅读服务，居民凭身份证即可进入。同时，金凤悦书房均设立学雷锋志愿服务站，配备了手机充电台、轮椅、雨伞、医药箱、针线包等物品，可提供15项便民服务。“零门槛阅读、免费借阅、就近还书”的共享阅读模式，使悦书房成为市民读书、学习、交流、休闲的一站式阅读空间，成为近悦远来的“打卡”新地标。

7月20日，家住银川市兴庆区景墨家园的王女士一大早便来到宁夏图书馆公共自习室看书。“现在图书馆有开放式阅读空间，不需要借阅证，书架上的书随便看。大家聚在一起学习、看书，心很静。”王女士说，只要有闲暇时间，她都会到图书馆看书。

这里有来学习的，也有带孩子参与亲子阅读的，还有像王女士一样需要充电的上班族，宁夏图书馆逐渐成为人们心灵放松的栖息地。

“早上一开门就有900多人进入馆内。”7月27日，宁夏图书馆副馆长张明乾说。2015年，宁夏图书馆装修改造后全面对外开放，2万多平方米的空间免费提供给读者使用，读者可以在这里自学、读书。

“以前，宁夏图书馆的图书室被分割成不同的独立空间，各图书室相对封闭，读者需持读者证进入借阅图书。现在除了图书外借需要借阅证，进入图书馆不再要求持证，我们在二、三、四楼设置了很多公共座席供读者使用。”宁夏图书馆普通书刊流通部负责人杨丽华说。宁夏图书馆还进行了一系列升级改造，购买绿植美化环境，空调开放保障馆内温度舒适，配备医疗救助箱和轮椅、老花镜、雨伞等便民日用品方便群众按需使用，增设桌椅供读者自学阅读。

由于各种保障到位，来宁夏图书馆看书学习的人越来越多。据了解，高峰期进馆人数高达七八千人，平时进馆人数也有三四千人。

“我们开馆时间是8：30至20：30，考虑到上班族的阅读需求，我们今年着手打造24小时开放阅读空间。”张明乾说。

宁夏图书馆还和各地基层社区、机关等共建图书馆分馆、网点、社区图书室等，将自身图书资源进行共享，目前宁夏图书馆在全区共设立了52个图书分馆和网点。“我们制定相关考核机制，每年对各分馆、网点进行考核，每季度进行巡查，运营不好的进行撤换，各网点的图书资源也会不定期更换调整，保证公共资源利用好发挥好。”张明乾说。

“国家图书馆每年根据相关数据评选出当年受读者欢迎、评分较高的图书列入文津图书奖书单。我们会把文津图书奖获奖书单在宁夏图书馆公众号上公布，并根据馆藏量及时采选补购，方便群众借阅。还在馆内打造了视听空间，为读者提供免费的音视频资源体验和使用。下一步，打算继续对图书馆进行提档升级，打造智慧图书馆，通过数字化手段实现更广更深的阅读共享。”张明乾介绍。

传统书店积极转型　共享“融入”赢回读者

柔和的灯光，舒缓的音乐，琳琅满目的图书营造出安静的读书氛围。在优美舒适的环境里，喝一杯咖啡，品一缕书香，如今，越来越多简约、轻奢、时尚、文艺范的书店出现在热闹社区、繁华商圈，为爱书人打造一个舒适、安静的公益性共享阅读空间。

“以前想找一个可以安静看书的地方挺难，现在一有闲时间，我都会来‘品读时光’看书，也会参加书店举办的一些共享读书活动。”2023 年 7 月 29 日，家住银川市西夏区的李雯告诉记者。

记者了解到，面对日益升级的文化消费需求，老牌国营书店银川市新华书店于 2015 年建立了“品读时光”子品牌，由单纯的图书销售场所转型为集图书、文创、休闲等为一体的复合式文化体验场所，实现多种内容共生、多种业态共融，更好满足人民群众精神文化生活新期待。品读时光西夏店是其继阅彩城书店之后的第二家品读时光店。

近年来，银川市新华书店打造了集党建学习、阅读分享、交流研讨、互联共建等多功能为一体的一站式文化服务综合共享阅读空间，积极开展社区联建阅读分享、书香进校园、图书进部队、诵读红色经典、图书联展、“阅见美好”朗诵会、“悠悠书香”助力知识产权日、“点亮一盏灯·照亮读书路”名家荐读、“亲子共读”沐浴美好时光等共享阅读活动。

“我们书店共享阅读区域，提供咖啡、茶饮、甜品等，为学生以及周边上班族和社区居民打造出一个开放、舒适的阅读区域。”7 月 21 日，新华书店宁夏大学国家大学科技园店负责人告诉记者，书店还举办了主题党日活动、读书日共享阅读、作家会客厅等内容丰富多彩的各类活动，很受读者欢迎。

记者采访了解到，黄河出版传媒集团升级改造的吴忠新华书店中心店、固原新华书店中心店已经成为当地阅读中心，建设的新华书店闽宁镇店、将台堡店等 13 个乡镇新华书店网点以及宁夏师范学院墨香书屋等不同定位的书店，为广大读者提供了更加便捷、舒适和个性化的共享阅读服务。2022 年与宁夏大学合作建成新华书店宁夏大学国家大学科技园店，开业以来，举办了多场由知名作家、著名学者参加的双创论坛文学创作主题活动等，为持续推进高校校园文化建设提供了重要支撑。

位于银川市金凤区德丰大厦楼上的上海三联书店，1800 平方米的区域被划分为 9 个不同功能区。“我们邀请国内著名设计师对书店进行规划设计，提出了玖间生活的设计理念,赋予每个区域不同的意义和功能。”书店负责人马凯说。

记者看到，这里有摆放了琳琅满目文创产品的“礼之间”；排解舒缓压力可以微醺的“酒之间”；可以举办对谈会、企业经营分析会，亦可作为共享办公室的“思之间”；招待生意伙伴私密社交的“言之间”；可举办文化沙龙、分享会等活动的互动场地“创之间”；作为半开放式室内小景观和咖啡厅相结合的庭院休息区的“享之间”；陈列一些轻奢产品、手工艺品，偶尔还会有一些“非遗”传承的手作，体验文化魅力的“艺之间”，而精选出来的图书则穿插陈列各空间之内。

“在浮躁繁华的社会中，让读者找到可以与书、文化相链接的一切元素，使自己的内心得以升华、安宁，也是书店在信息时代的新出路。”马凯告诉记者，从开业至今，书店邀请读书主理人主持开展四五场共享读书会，读者对书店的这种经营理念和共享空间设计十分认可，在这里办公、学习、约会、看书、打卡……

创新服务管理　让阅读抵达更广阔人群

好环境，是提升阅读品质的关键。共享阅读空间营造出了安静优雅的阅读氛围，有助于人们放松身心，全神贯注进行阅读。共享阅读空间还集合了多种功能，成为文化的聚集地，推进了基本公共文化服务的均等化，让人们随处可读书，随处可接受文化的洗礼。但记者在采访中了解到，共享阅读空间的非营利性，投入与产出的巨大矛盾，让共享阅读环境的长期发展面对诸多不确定性。

“作为一个服务机构，让更多群众认可，把公共资源利用好是首要工作。但受限于资金、空间等因素制约，宁夏图书馆的读书分享、阅读推广工作发展存在瓶颈。读者反映馆内图书少、老旧，但是每年的购书经费有限，目前宁夏图书馆的购书经费在全国省级图书馆中处于末位。此外，图书分享活动走出去，去户外开展，效果可能会更好，但受制于经费，这一想法目前仍很难实现。”张明乾说。

张明乾希望，政府能加大图书购置经费和活动开展经费的拨付，丰富图书资源，满足群众多样化的阅读需求。宁夏图书馆目前承载人数已经超量，希望能新建图书馆二期，扩大场所面积，让更多人可以走进图书馆。他呼吁政府部门重视全民阅读，加大对数字化图书馆建设的投入，通过增设智能化设备缓解人力短缺问题，提升工作质效。

采访中，有专家表示，国有书店和民营书店目前正在积极进行共享阅读的转型和探索，在全民阅读推广中发挥了积极作用，有效弥补了公共基础文化服务的不足，政府部门可以给予一定的支持。比如，对国有书店和民营书店，可给予一定的税收优惠政策，也可从财政中划拨出一部分资金建立城市发展基金，采用共享阅读项目申请制，为优质项目提供帮助。

“在共享阅读空间的打造上，图书馆、国有书店、民营书店和社区书房应当积极探索新的发展模式，根据自身特点，采用‘图书馆、书店＋特色文创’的发展方式，或与本地的政府部门、公共图书馆、出版社合作等。”银川市新华书店有限公司党委书记、总经理程伟告诉记者，应创新公共阅读空间服务和管理方式，只有合力为共享阅读发展筹集资源，吸引更多群众参加全民阅读，才能让阅读抵达更广阔人群。

（记者张涛、智慧、刘惠媛，实习生刘卓然，原载于《宁夏日报》2023 年 8 月 3 日第 8 版）

牢记嘱托　担当作为
为建设先行区提供坚实的资源保障

建设黄河流域生态保护和高质量发展先行区，是习近平总书记立足全国生态建设大局、黄河流域生态保护和高质量发展全局，亲自为宁夏指向导航、把脉定策，赋予宁夏的时代重任。近年来，自治区自然资源厅牢记习近平总书记殷殷嘱托，在自治区党委、政府的坚强领导下，在自然资源部出台《支持宁夏建设黄河流域生态保护和高质量发展先行区意见》的大力支持指导下，结合履行“两统一”（统一行使全民所有自然资源资产所有者职责、统一行使所有国土空间管制和生态保护修复职责）核心职责，深入贯彻落实建设黄河流域生态保护和高质量发展先行区的战略定位、战略地位和战略部署，全面履行生态保护修复和高质量发展要素保障主力军的政治责任，全面深化自然资源领域改革创新，为先行区建设提供了良好的空间响应、生态底色和资源保障。

构建国土空间开发保护格局，优化先行区建设发展空间

坚持把国土空间规划作为先行区建设空间保护、开发、利用、修复的总纲，率先在全国构建全区统一、上下贯通、紧密衔接的国土空间规划“一张图”。强化规划管控引领。坚持系统思维、辩证思维、底线思维，严格落实“四水四定”，把先行区建设战略部署贯通落实到以“一河三山”生态坐标构建“一带三区”总体布局和区市县三级国土空间规划中，科学划定落实三条控制线，统筹优化农业、生态、城镇三大空间。推动规划贯通落地。全面落实全国国土空间规划纲要，自治区、银川市国土空间总体规划已报国务院审批，市县国土空间总体规划正在按程序报审，1720 个村编制了村庄规划，覆盖率达 86.8%。完善规划管控机制。建立耕地和永久基本农田不同强度管控机制，修订《宁夏回族自治区生态保护红线管理条例》，探索规划留白机制，升级国土空间规划“一张图”监管平台，严肃查处各类违法违规开发建设行为。

推动资源要素节约高效供给，强化先行区建设支撑保障

坚持大抓发展、抓大发展、抓高质量发展，多措并举创新资源供给方式，提高节约利用水平，以资源优化配置助推高质量发展。精准高效保发展。建立专班负责、全程跟办等用地审批服务机制，实行指标点供、绿色通道等制度，完善“六新六特六优”产业用地差别化支持政策，国家和自治区重点产业、重大项目 17.24 万亩应保尽保、快审快批。建立“净矿”出让机制，市场化出让矿业权 29 宗，137 家矿山按照绿色矿山标准建设。2022 年煤炭产量达到 9425 万吨，创历史新高。节约利用促发展。落实全面节约战略，建立政府引导、市场调控、企业参与的城镇低效用地再开发促增值模式，累计盘活批而未供土地 20.9 万亩、闲置土地 4.4 万亩。完善弹性年期、“标准地”供地机制，单位 GDP 建设用地使用面积每年下降 3% 以上。完善调剂使用、预告登记、分割转让等政策措施，累计盘活批而未供土地 20.9 万亩、闲置土地 4.4 万亩，超过国家 3 年下达任务总量的 176%，推动以更小的资源消耗支撑更大规模的经济增长。增加储量助发展。积极争取自然资源部支持，妥善化解 14 个煤矿采矿权手续办理、阳光矿业公司欠缴价款等历史问题，释放煤炭产能 6380 万吨。开展找矿突破行动，新发现大中型矿产地 21 处，新增煤炭、石膏等资源量 33 亿吨。出让石嘴山矿区煤层气探矿权，填补了宁夏煤层气开发利用空白，资源高效供给、节约利用为经济高质量发展提供了坚强保障。

牢牢守住资源领域安全底线，夯实先行区建设安全根基

始终把全方位保护黄河安全作为重要政治责任摆在首位，优先统筹推进耕地、地质灾害等涉及自然资源领域安全保障体系建设，以自然资源大安全保障黄河长治久安。严守耕地安全红线。全面构建“六级”耕地保护网格化监管体系，累计实施国土整治等项目138个，新增耕地18.3万亩，“耕地开发+沙漠锁边+产业利用”模式获自然资源部肯定推广，“十三五”时期全国耕地保护责任目标考核位居沿黄9省区第二位。确保黄河行洪安全。建立国土空间用途差别化管制规则，点供保障黄河宁夏段综合治理工程等项目用地3203亩。统筹考虑不同河段水流量、对应水位线和淹没程度、频次，完善行洪安全、生态保护和土地集约利用的方法路径，对滩区内的农业生产活动严控种植方式和面源污染。严防地质灾害安全。采取“分区包片”的方式，每年开展地灾隐患地毯式排查、风险调查评价和应急演练，提高防灾减灾能力。持续实施地灾防治工程，累计投入资金8600余万元，治理隐患点87处，有力维护了群众生命财产安全。

统筹实施生态保护修复工程，厚植先行区建设绿色基底

坚持把保护修复好“三山”生态，作为筑牢黄河宁夏流域生态安全基础的重中之重，按照生态系统整体性保护、系统性治理、融合性发展、多样性维护的思路，统筹山水林田湖草沙一体化保护和系统治理，筑牢祖国西北重要生态安全屏障。争取国家支持。积极争取国家将贺兰山、六盘山生态保护修复列入国家黄河重点生态区生态保护和修复重大工程建设规划，中卫黄河上游风沙区废弃矿山生态修复项目等3个项目入选国家试点示范工程，获得中央支持资金7亿元。实施修复项目。累计投入资金81.38亿元，实施“三山”生态保护修复项目220个，完成矿山地质环境恢复治理和国土综合整治51.48万亩，营造林300万亩，治理荒漠化土地180万亩，保护修复湿地45.9万亩。拓宽资金渠道。联合出台《鼓励和支持社会资本参与生态保护修复的实施意见》，推进贺兰山采矿退出区、六盘山移民迁出区“生态保护修复+”试点，探索出了产业生态化、生态产业化新路子。

全面深化土地制度改革创新，增强先行区建设内在动力

坚持把土地权改革作为破解先行区建设体制机制障碍的重要举措，围绕盘活增值主题，紧扣确权、定价、交易、监管等关键环节，以点带面，全面推进，促进土地节约利用、显化增值。明晰土地产权关系。出台化解农村宅基地确权登记历史遗留问题政策措施，全区符合登记条件的 61.65 万宗宅基地实现应登尽登。出台葡萄酒产业用地确权登记政策措施 13 条，为 19 个酒庄颁发土地经营权证 43 本 1.85 万亩，破解了承包经营的国有农用地无法确定权益、资产不能融资的难题。加快土地市场建设。建成土地二级市场监管服务平台和地级市电子竞价系统，175 宗 7800 亩闲置工业建设用地重新入市交易。推动 4000 亩建设用地增减挂钩节余指标跨省域交易、6.4 万亩新增耕地指标国家统筹，为地方财政增收 84.96 亿元。提高土地监管水平。深化“多审合一”“多证合一”改革，新增建设用地审批 7 个工作日内完成厅内审查，用地时限较法定时限平均压缩 50% 以上。健全源头严防、过程严管、后果严惩的土地全生命周期管理机制，土地违法早发现、早制止、严查处能力全面提升。

（作者自治区自然资源厅，原载于《共产党人》2023 年第 11 期）

六盘山冷凉蔬菜：从高原走向江南

夏季，固原市五河流域的田野流翠泄绿，成片的蔬菜和庄稼接天连地，山川大地生机勃勃。时下正值冷凉蔬菜大面积成熟上市之际，农家人早出晚归，忙着采摘收获，与时间赛跑，抢着将这一季美味食材送到消费者餐桌。

冷凉蔬菜是宁夏“六特”产业之一，也是固原市农业优势产业。近年来，固原市发挥气候资源优势，坚持“冬菜北上、夏菜南下”战略，发展“设施蔬菜、露地蔬菜、西甜瓜”等冷凉蔬菜产业，形成了设施蔬菜、露地瓜菜四季生产、周年供应、产销两旺的良好态势。

经过持之以恒发展，截至2022年年底，固原市冷凉蔬菜种植面积达50万亩，年产量200万吨以上，全产业链产值达到45亿元以上，固原冷凉蔬菜不仅畅销大江南北，端上了粤港澳大湾区餐桌，还获得了欧盟认证，拿到了全球通行证，成为又一张亮丽的“绿色”名片。

独特资源禀赋　造就冷凉蔬菜

“固原地处六盘山地区，海拔高、纬度高、气候冷凉，光照充足、昼夜温差大，隔离条件好、农作物病虫害少，土壤深厚、有机质含量高，具有发展冷凉蔬菜的独特优势，生产的蔬菜色泽鲜亮、脆嫩多汁、芳香甘甜。”固原市农业技术推广服务中心主任王淑芳说，绿色生态是固原市发展冷凉蔬菜最大的底气。

环境洁净、资源多样，地位特殊、生态多样……独特的地理环境，为培育冷凉蔬菜产业提供了优厚基础；本地肥沃土壤为冷凉蔬菜生长提供无限滋养。固原市及各县区立足资源禀赋，发展冷凉蔬菜产业，因地制宜打造“当家菜”。

固原市原州区按照冷凉蔬菜产业区域化布局、集中连片种植，建成沿清水河流域冷凉蔬菜产业带，组建技术团队跟进服务，建设蔬菜育苗中心、设施园区、万亩和千亩露地蔬菜基地，冷凉蔬菜种植面积达到25万亩，年产值20亿元，贡献农民人均可支配收入2000元。

西吉县采取建设“订单式”蔬菜标准化基地，推广新技术新品种，打造葫芦河川道区冷凉蔬菜产业带，建立芹菜、甘蓝、西兰花、娃娃菜、菜心等多元化冷凉蔬菜生产基地15万亩，年产鲜菜70万吨以上，产值12亿元。

隆德县在渝河、甘渭河、好水河流域等蔬菜适产区，建设蔬菜棚室，打造标准化蔬菜示范园，建成沙塘、神林、联财、温堡4个蔬菜种植示范乡镇和恒光、辛平、吴沟等18个千亩蔬菜种植示范村，引进果菜、叶菜等10个优新品种，带动全县种植蔬菜6.5万亩，预计全产业链产值8亿元。

彭阳县采取“企业＋合作社＋基地＋农户”等发展模式，在茹河、红河流域建设设施农业示范园区，创建永久性蔬菜生产基地和设施蔬菜标准园，发展露地蔬菜基地，冷凉蔬菜种植面积达到8.5万亩，年产各类蔬菜22万吨，实现全产业链总产值7.5亿元。

彭阳县设施蔬菜产业带

有着丰沛水资源的泾源县，按照“建基地、带农户、调结构、优环境”的思路，构建种植、加工、营销全产业链冷凉蔬菜产业发展体系，种植冷凉果蔬 1.5 万亩。

一县一策全产业推进，为冷凉蔬菜产业高质量发展提供更多可能和保障。如今，冷凉蔬菜成为固原市特色名片，固原市和原州区获得“中国（西部）冷凉蔬菜之乡”称号，西吉县获得“中国芹菜之乡”称号，彭阳县获得“中国辣椒之乡”称号，“六盘山冷凉蔬菜”公用品牌在全国打响。

农业科技赋能　产业加速出圈

时下，彭阳县新集乡辣椒陆续上市，因个大、肉厚、鲜嫩，成为市场上的抢手货。彭阳辣椒种植成功的秘诀在于推广蚯蚓生物技术、施用有机肥，使得产出的辣椒更加优质。这样的技术运用，使得优质杂交品种淘汰了普通自留品种，产量翻了番；秸秆生物反应堆等生态循环低碳技术推广应用，种出的都是绿色有机蔬菜。

2023 年 5 月，西吉县吉强镇第一次尝试种植菜心，上市时间相比往年提前两个月。种植户张昌盛种植菜心 600 亩，第一茬收益 600 万元。“全镇千亩菜心一年生产三茬，可收入 3000 万元。”吉强镇党委书记李学智算了一笔账。

如何将一季生产变成四季生产，将一茬菜变为多茬菜，生产绿色有机蔬菜，固原市从应用推广新品种和新技术上寻找突破口。

“以龙头企业农业高新科技示范为引领，采用集成应用优良品种、集约化育苗、滴灌水肥一体化、机械化作业、生物菌剂施用、病虫害绿色防控、农机农艺融合的绿色提质增效技术，全面推进冷凉蔬菜产业提档升级。”王淑芳说。

固原市围绕高质量发展，全产业链布局，日光温室抓秋冬、移动拱棚抓早春，不断优化品种结构和种植茬口，一年四季因时安排，早中晚熟科学搭配，实现按季节上市、分品种销售，蔬菜产品的商品性得到大幅提升。

“从过去当地农民不会种菜，只有广东、浙江的客商流转土地种菜，到今年 77 家经营主体带动 1.8 万多农户种植，实现从南方农民种、当地农民看，到当地经营主体引领千家万户参与，以及由供应当地到面向全国大市场的根本性转变。”原州区农业技术推广服务中心主任白永强说起种菜变化感触颇深。

在原州区彭堡镇“三零”生态农业科技示范基地，连片的蔬菜郁郁葱葱、长势喜人，大棚内弥漫着小番茄的清香，菜农们正忙着修剪、打理，一颗颗鲜红的小番茄错落有致地在叶间闪动，一派生机盎然。

今年，原州区采取水肥一体化、测土配方、精准施肥技术，发展“零化肥、零农药、零激素”高品质蔬菜 2300 亩，每亩蔬菜产量在 1000 公斤至 3000 公斤，亩产值 2.5 万元至 4 万元。“已建成冷凉蔬菜新品种展示园 50 亩，展示各种蔬菜品种 200 多个。”白永强说，基地还通过应用数字农场和 ERP 系统，实现了蔬菜产业链数字化经营、智慧化种植、精准化执行、可视化溯源。

彭阳县针对“彭阳辣椒”多年连作障碍突出、水肥利用率低、产量不稳、品质下降等实际问题，聘请宁夏农科院、宁夏园艺技术推广站、宁夏大学等科研院所蔬菜专家开展技术研发与合作，开展秸秆生物反应堆技术、蚯蚓生物套种套养技术和生物菌剂技术应用，示范辣椒新品种、“三零”技术、富硒蔬菜种植和番茄潜叶蛾防治等技术，带动冷凉蔬菜产业技术水平提升。

固原市对冷凉蔬菜产业软、硬件齐抓共管、同步推进。如今，该市冷凉蔬菜产业新品种推广应用率为 100%，新技术推广应用率达 98%。全市建成标准化蔬菜生产基地 60 个、永久性蔬菜生产基地 50 个、万亩露地蔬菜基地 10 个。

日光温室从一代到新型高标准，实现换代更迭；大中拱棚 3 万多栋，遍布山川；万亩以上的蔬菜种类有芹菜、辣椒、菜心等十多种，成功打造彭堡、头营、将台、吉强、联财、沙塘、红河、新集等冷凉蔬菜生产大乡镇。

严格执行标准，才有产品的高质量。从一粒种、一棵苗，到水肥、管护、采收、分拣、包装，六盘山冷凉蔬菜整个链条全程都有标准化的安全把控。“蔬菜种植从一年一茬向一年多茬转变，形成了设施蔬菜、露地瓜菜四季生产、周年供应、产销两旺的良好态势，实现从分散种植到规模化、标准化发展转变。”王淑芳介绍。

从高原到江南　走俏高端市场

“菜心在南方太吃香了，每天供应三四十吨，仍无法满足消费者需求，客商们一个接一个打电话，让多供一些。”西吉县吉强镇万崖村冷凉蔬菜种植基地负责人邓小江从5月17日第一茬冷凉蔬菜成熟上市以来，就没有好好休息过。

“菜心在广州、深圳等地市场的价格每公斤6元，一亩地一茬采摘2500公斤，赶在6月中旬收获完毕，除去成本，亩均净赚1万元不成问题。”邓小江说，“宁夏菜心”品质柔嫩、纤维少、口感好、味甘甜，深受南方消费者喜爱。

种得好，更要卖得好。固原市围绕冷凉蔬菜生产、加工、销售等环节延链补链，引进山东水发、广东东升等龙头企业引领，建立“订单生产、基地共建、互利共赢”机制，带动合作社、家庭农场和农户共同发展冷凉蔬菜产业。

“充分发挥‘互联网+’优势，创新营销模式，通过线上直播带货、对接盒马鲜生和叮咚买菜等终端品牌销售渠道，构建了从田间到餐桌、从市场到商超的多元化销售模式，实现了与高端市场、品质生活无缝衔接。”王淑芳说。

固原市主动对接销售市场，开展订单生产，实现从菜地到市场“一站式”销售。原州区首茬7000亩菜心陆续成熟上市后，通过冷链物流，全部销往粤港澳大湾区。彭阳县依托厦门绿百合、内蒙古太润等招商引资企业，签约落地辣椒一二三产业融合发展项目，建设辣椒酱加工厂，开展辣椒精深加工，进一步延长产业链。

目前，固原市已建成预冷设施8.5万平方米，单次冷藏能力7.2万吨；有销售主体61家，销售总量55万吨；以分拣、包装、预冷为主的初加工总数量120万吨，约占鲜菜总产量的50%。

“产品好不好，市场说了算。”六盘山冷凉蔬菜之所以能挤进高端市场，靠的是标准化、品牌化。如今，六盘山冷凉蔬菜在全国高端市场的知名度、影响力和占有率日益提升，销往全国25个省市60多个大中型蔬菜批发市场，以辣椒、芹菜、菜心、甘蓝、西兰花、娃娃菜、大白菜、松花菜、蒜苗、洋葱、胡萝卜等为主导的产品，主供华北、华中、华南、西南诸省（区、市），部分远销马来西亚、阿联酋、沙特等国家和地区。

新的利益联结模式带动了产业的发展和销售市场的拓展，产品销售从周边地区迅速向全国大中城市扩展，还获得欧盟认证，拿到了全球“通行证”。

（原载于《宁夏日报》2023年7月6日第7版）